바꾸어나가는 용기

관용사회를 향한 트랜스젠더 정치인의 거침없는 여정

이 도서의 국립중앙도서관 출판예정도서목록(CIP)은 서지정보유통지원시스템 홈페이지(http://seoji.nl.go.kr)와 국가자료공동목록시스템(http://www.nl.go.kr/kolisnet)에서 이용하실 수 있습니다. (CIP제어번호: CIP2016023609)

관용사회를 향한
트랜스젠더 정치인의
거침없는 여정
——

가미카와 아야
上川あや

지음 · 우윤식 옮김

바꾸어나가는 용기

한울

KAETEYUKU YUUKI
by Aya Kamikawa

© 2007 by Aya Kamikawa
First published 2007 by Iwanami Shoten, Publishers, Tokyo.
This Korean edition published 2016
by HanulMPlus Inc., Paju
by arrangement with the proprietor c/o Iwanami Shoten, Publishers, Tokyo

몇 개의 경계를 넘어서

인생이라는 것은 정말 알 수 없는 것이라고 생각한다. 나는 지금 이 순간, 과거에 단 한 번도 생각해본 적 없는 인생을 살고 있다. 1995년, 당시 27세였던 나는 '남성'으로서의 샐러리맨 생활을 그만두었다. 그 후 '나답게 살고 싶다'는 생각에 여러 방법들을 찾다가 30대에 들어서 비로소 '여성'으로서 살아가겠다고 마음먹을 수 있었다.

그리고 현재 나는 도쿄 도 세타가야 구世田谷区에서 구의원직을 수행하고 있다. 선거에 입후보하기 전까지 정치가가 되고 싶다고 생각해본 적은 단 한 번도 없었다. 오히려 나는 정치를 불신하는 편이었고 될 수 있으면 그런 것에 관여하고 싶지 않다고 생각하는 쪽이었다. 그런 내가 구의원이 되었으니 정말 신기한 일이다.

2003년에 나는 '성 동일성 장애'를 가진 사람임을 밝히고 선거에 출마했다. 처음 출마를 결의한 것은 '남성'이었던 과거를 숨기고 '여성'으로서 일하며 산 지 4년 정도 지나던 시점이었다. 그 전까지는 차별이 무서워서 제도의 틈에 숨어 숨죽이며 살았다. 온전한 사회 구성원으로 살아가기 위해 넘어야 했던 최대의 벽은 '호적상의 성별 변경'이었다. 그러나 익명으로 숨어 있는 한, 행정적 절차를 시도해보려 해도, 또 사법적으로 호소해보려 해도 변화를 이끌어낼 수 없었다. 그런 사실에 깊이 절망했을 때 마음 깊은 곳에서 이런 생각이 들었다.

'사람답게 살고 싶다.'

얼굴을 드러내고 의견을 호소하는 것은 지금부터 쭉 '원래 남자였음'을 밝히고 그 사실을 짊어진 채 살아야 함을 뜻한다. 지금 돌이켜보면 출마는 매우 큰 결단이었지만, 그 결단은 내게 행동할 용기와 힘을 주었다. 그리고 정말 의원이 되고 보니, 사회에는 예전의 나처럼 남들이 알지 못하는 고민을 안고 살아가면서 목소리조차 내기 곤란해하는 사람들이 많다는 사실을 알 수 있었다.

'남자'에서 '여자'로

'침묵'에서 '발언'으로

'고립'에서 '연대'로

　나는 이 책에서 지금까지 몇 번의 경계를 넘었던 경험들과 얼굴을 드러내고 활동하게 된 후에 만나게 된 여러 소수자들에 대해 이야기할 것이다. 그리고 누구나 자기답게 편안히 살 수 있는 '관용적인 사회'를 어떻게 하면 함께 만들어갈 수 있을지 이야기할 것이다.

　이 책을 손에 든 당신은 어쩌면 현재 커다란 곤경에 직면해 절망의 늪에 빠진 상태일지도 모른다. 나는 그런 당신에게 말해주고 싶다. 당신은 절대로 혼자가 아니라고. 당신이 할 수 있는 방법으로 목소리를 내고, 생각을 같이하는 사람들과 연대해서 온 성의를 다해 진지하게 몇 번이고 소통해나간다면, 그 열의가 반드시 전해질 것이라고 말이다. 하나하나의 변화가 아주 작은 것일지라도 길은 분명히 열린다. 사회는 조금씩이라도 변하고 있다.

　이 책이 모든 사람에게 무언가를 바꾸어나가는 계기가 되기를 진심으로 바란다. '성 동일성 장애'의 이야기만 다루는 것은 아니지만 이 장애의 개념에 대해 먼저 밝혀두려 한다. '성 동일성 장애'란, '신체의 성과 마음의 성이 불일치해 고통받는 상태'를 의미하며, 세계보건기구WHO의 국제질병분류에도 등장하는 질환이다. 일본에서는 지금까지 일본정신신경학회의 가이드라인에 따라 약 5000명이 '성 동일성 장애' 진단을 받았다.

'신체의 성'이 무엇인지는 다들 잘 알 것이다. 현재 우리 사회는 사람이 태어나면 곧 성기의 모양이라는 신체적 특징을 가지고 '남자아이'와 '여자아이'로 분류한 뒤 그에 맞게 양육한다.

그렇다면 '마음의 성'이란 무엇일까? 조금 생소하게 느껴지는 사람도 있을 것이다. '마음이 남자다', '마음이 여자다'라고 말해도 그것이 무슨 뜻인지 감이 잡히지 않는 사람도 있을 것이다. 전문적으로는 '마음의 성'을 '성별 정체성'이라고 부른다. 많은 사람들이 자신의 신체가 남성인 경우 스스로를 남성으로, 신체가 여성인 경우 스스로를 여성으로 인식하는데, '성별 정체성'이란 바로 그 인식을 말한다. 하지만 '성 동일성 장애'를 앓는 사람들은 신체의 성과 '성별 정체성'이 일치하지 않는다. '성 동일성 장애'를 질환, 즉 치료받아야 하는 '병'으로 봐야 하는가의 문제에 대해선 최근에도 계속 논의되는 상태다. 미래에는 인식이 바뀔 가능성도 있다. 나는 독자분들이 이 책을 읽기에 앞서 이러한 사실들을 염두에 두길 바란다.

더 구체적인 이야기들은 뒤에서 하겠지만 먼저 이야기하고 싶은 것이 있다. 내가 '성 동일성 장애'라는 용어를 처음으로 알게 된 것은 1996년 7월로, 사이타마 의과대학 윤리위원회가 '성전환 수술'을 조건부로 인정한다는 답신을 발표하고 언론기관이 그것을 대대적으로 보도했을 때였다. 그러나 이러한 개념들을 전혀 알지 못했던 어린 시절부터 나는 내 몸에 위화감을 느꼈고, 27세가 될 때까지 나 자신이 어떤 상태인지 알지 못했다.

나처럼 '남자'에서 '여자'로, 또는 '여자'에서 '남자'로 변한 사람들을 포함해 더 넓게는 현 사회의 강력한 전제인 '남과 여'라는 이원적 성별 시스템에 해당하지 않는 방식으로 살아가는 사람들을 통틀어 '트랜스젠더transgender'라고 부른다. 이것을 간단히 '성별의 구분을 뛰어넘는 삶의 방식'이라고 정의한다 해도, 이 세상에는 실로 다양한 존재 방식이 있고 사람에 따라서는 '나는 트랜스젠더이지만 성 동일성 장애를 가지고 있지는 않다'라고 말하는 사람도 있을 것이다. 이 점에 대해 저자인 나를 트랜스젠더이면서 성 동일성 장애를 가진 당사자로 이해해주기 바란다.

2007년 1월

가미카와 아야

차례

1장

저는 호적상 남성입니다

일본의 첫 트랜스젠더 정치인이 되다

나는 가두연설을 하는 자리에서 커밍아웃했다. 처음에는 차가웠던 거리의 분위기도 서서히 변해가는 것을 느낄 수 있었다.

세상 앞에 얼굴을 드러내다

처음으로 내뱉은 한마디

2003년 2월 26일, 업무차 들렀던 교토에서 아사히신문의 조간을 펼쳤을 때 이런 헤드라인이 눈에 들어왔다.

"성 동일성 장애인 출마하다."

그것은 '성 동일성 장애인' 당사자인 내가 도쿄 도 세타가야 구 구의원 선거에 입후보한 것을 보도한 1보 기사였다. '설마 지방인 교토에서는 지면에 실리지 않겠지'라고 생각했기에 꽤나 당혹스러웠다. 도쿄 지역신문은 이 일을 더 크게 보도하고 있을 게 틀림없었다. 사안의 중대함이 다시금 크게 다가왔다.

서둘러 신칸센을 타고 도쿄로 올라왔다. 동료들과 함께 의논해 다음 날 아침, 세타가야 구에 있는 오다큐 선 고토쿠지 역 앞에서 가두연설을 하기로 했다. 지체 없이 부지런히 준비했는데도 불구하고, 또 말하고 싶은 게 산더미처럼 많은데도 불구하고 정작 길을 지나는 사람들의 마음을 끌어당길 만한 키워드가 전혀 떠오르지 않았다. 모두 진지하게 고민하던 와중에 누구에게서라고도 할 것 없이 "저는 호적상 남성입니다"라는 구호가 나왔고 그것으로 결정되었다. 그제야 '이제 정말 시작이구나'라는 두려운 마음이 들었다.

가두연설의 첫 번째 목적은 길을 지나는 사람들에게 내 이름과 얼굴을 각인시키는 것이었다. 그러나 역 앞을 지나는 사람들은 모두 바쁘게 발걸음을 옮기는 통근객들뿐이었다. 그들에게 확실히 전달될 수 있도록 메시지는 간결한 편이 좋았다. 구체적인 내용은 배부하는 유인물을 읽으면 되기 때문이다.

여성의 모습을 하고 '저는 호적상 남성입니다'라는 구호를 외치는 것은 확실히 사람을 돌아보게 하는 임팩트가 있었다. 머릿속으로는 '우리의 문제의식을 확실하게 전하는 좋은 메시지'라고 생각했지만 내 마음속에서는 눈물이 흘렀다. 지금까지 트랜스젠더 동료들과 가족 외에는 아무에게도 말하지 않았던 사실을 불특정 다수의 앞에서 낱낱이 밝히는 일이었다. 이 사실에 나는 상처를 열어서 보이는 듯한 공포를 느꼈고, 절대로 환영할 만한 일은 아니었지만 목적을 위해서는 어쩔 수 없었다. 심경이 매우 복잡했다.

다음 날인 27일 오전 8시, 처음으로 역 앞에 섰다. 통근객들과 통학하는 학생들로 개찰구는 이미 매우 북적거리고 있었다. 아무 말도 하지 않고 서 있기만 해서는 내게 눈길을 줄 사람이 아무도 없었다. '빨리 무슨 말이든 해야 하는데……' 마음은 점점 조급해졌지만 좀처럼 목소리를 내서 첫마디를 내뱉을 수 없었다. 아직 날이 쌀쌀한 탓에 사람들은 추운 듯 몸을 웅크리고 지나갔다. 나 역시 틀림없이 추위를 느끼고 있었을 텐데도 메가폰을 쥔 손만은 너무 긴장한 나머지 땀에 젖어 있었다. 용기를 내야 하는데…….

"여러분 안녕하세요. 저는 가미카와 아야라고 합니다. 저는 호적상 남성입니다. 오늘 하루도 힘내세요." 허리까지 내려오는 긴 생머리에 빨간 정장. 딱 봐서는 '여자'로밖에 보이지 않는 내가 내뱉은 이 '충격 고백'에 길을 지나가던 사람들이 일제히 눈을 크게 뜨고 내 얼굴과 몸을 쳐다보았다.

주목받기 위해 선택한 구호였지만 내심 사람들이 나를 알아보지 못하고 그저 빨리 지나가주었으면 하는 마음도 있었다. 나는 안쓰럽고 생생한 딜레마를 느끼며, 다시 같은 구호를 반복했다. 입안은 건조한 공기와 긴장감으로 바싹바싹 말라갔고 목소리는 쉬어갔다. 뺨에는 부끄러움과 분한 마음이 교차하면서 눈물이 흘렀다. 30여 년을 살아오면서 시간이 그렇게 길게 느껴진 적은 그때가 처음이었다.

깊은 절망에서 출마를 결심하다

선거에 출마하겠다는 결정을 결코 아무런 고민 없이 쉽게 내린 것은 아니다. 솔직히 말해 그때까지만 해도 나는 정치에 거의 무관심했고, 30대에 들어서 여자의 모습으로 살게 된 후로는 투표도 잘 하지 않았다. 투표소 입장권에는 성별 표기가 되어 있었고 거기에 내 성별이 '남성'으로 되어 있었기 때문이다. 투표소에서는 대리 부정투표로 의심받기 딱 좋은 모양새였다. 게다가 근처 주민들 앞에서 설명을 요구받는 상황은 상상하기도 싫었다.

다소 불편함과 불안감은 있어도 큰 탈 없이 지내면서, 선거에 나가는 일 같은 것은 생각조차 하지 않았다. 그런데 '이런 경험은 두 번 다시 하고 싶지 않아'라는 생각이 들 때마다 오히려 그런 생각들이 내 등을 떠밀고 있었다. 내 출마는 말하자면 '절망에서 태어난 것'이라고 할 수 있었다.

2003년, 당시 '성 동일성 장애' 당사자들을 둘러싼 상황은 막다른 골목에 다다라 있었다. 2001년 10월에 TV 드라마 〈3학년 B반 긴파치 선생님 三年B組金八先生〉*의 여섯 번째 시리즈 방

---

* 일본의 학원 드라마를 대표하는 작품으로 1979년부터 2011년까지 TBS에서 32년간 제작·방송되었던 텔레비전 드라마이다. _옮긴이

송이 시작되었고, 아이돌로 변신한 우에토 아야上戸彩 씨가 '성
동일성 장애'를 겪는 학생 역을 호연하면서 화제가 되었다.

이듬해 2002년 3월에는 모터보트 선수인 안도 히로마사安藤
大將*(2005년 은퇴) 씨가 '성 동일성 장애'를 공표하고 여성에
서 남성으로 선수 등록을 변경했다. 또한 같은 해 6월에는 '여
장을 하고 출근했다'는 이유로 징계해고를 당한 '성 동일성 장
애'를 가진 어느 직원이 지위보전 가처분 신청을 한 것에 대해,
도쿄지방법원이 그 주장을 인정하고 해고 무효화 결정을 내렸
다. 이에 대해 9월에는 도쿄 도 고가네이 시 시의회에서 "성 동
일성 장애인의 성별 기재에 대해 성별을 수정할 수 있는 길을
열 것"이라는 한 문장이 포함된 의견서가 의원제안으로 가결
되었다.

이러한 사건들이 언론에 대대적으로 보도되면서 세상이 '성
동일성 장애'에 주목하기 시작했다. 그러나 여론의 관심이란
변덕스러운 것이다. 1년 반이 지나자 성 동일성 장애에 대한
이해가 확실히 자리 잡기도 전에 언론 보도는 이미 정점을 지
나 수그러들고 있었다.

성 동일성 장애를 가진 사람들은 호적상의 성별과 외양이

---

* 성전환을 하면서 이름도 안도 지나쓰(安藤千夏)에서 남성식으로 안도 히로마사(安
藤大将)로 바꾸었다. _옮긴이

달라 구청에서 일을 볼 때마다 어려움을 겪어야 한다. 또 주민
표의 성별과 겉모습이 달라서 살 방도 구하기 쉽지 않다. 보험
증에 기재된 성별에 따라 취급받고 싶지 않아 병원에 가는 것
조차 주저하다가 목숨을 잃는 사람까지 나왔다. 그런데도 행
정과 사법은 이에 대응해주지 않았다. 결국 입법에 의한 성별
변경이 가능하도록 길을 개척하는 수밖에 없었다. 그러나 정
치인들에게 도움을 요청해보아도 그들은 좀처럼 이야기도 들
어주지 않았다.

　지금까지 해온 것 이상으로 더 활발하게 사회적인 운동을
하지 않으면 문제는 그저 잊혀 사라지고 말 뿐이었다. 강한 위
기감을 느끼면서 국회의원을 상대로 진정 활동을 지속해나가
고 있을 때, 이에니시 사토루家西悟 의원(당시 중의원 의원이었고
2007년에 참의원 의원을 지냈다)을 만날 기회가 생겼다. 이에니
시 사토루 의원은 비가열 혈액제제가 원인이 되어 발생한 '에
이즈 약화藥禍 사건*의 피해자로, 그 또한 에이즈에 감염된 분
이었다. 그는 국가가 혈액 행정상 과실을 인정하도록 하기 위

---

* 에이즈 약화 사건은 1980년대에 일본의 후생성(厚生省)이 혈우병 환자에게 처방되
는 미국제 비가열 혈액제제가 에이즈에 오염된 사실을 알고도 이를 판매 허가하면
서 1996년까지 1800여 명이 에이즈에 감염되고, 그중 600명 이상이 사망한 사건이
다. _옮긴이

해, 자신의 실명을 공개하고 약품오염으로 인한 에이즈 문제에 직접 나서서 오사카 HIV 약화소송의 원고단 대표를 맡아 활동했다. 그러한 경험을 통해 의원의 길을 걷게 된 이에니시 씨는 우리에게 이렇게 말했다.

"확실히 '성 동일성 장애' 문제는 인권과 관련된 중요한 문제입니다. 하지만 법을 만든다는 건 국가를 움직이는 걸 의미해요. 그렇게 하려면 여론을 형성하는 게 중요하지요. 그러려면 당사자가 직접 모습을 드러내고 호소하면서 사회의 공감을 얻는 게 필요합니다."

2003년 1월 22일의 일이었다. 이날부터 내 머릿속에서는 이에니시 의원의 말이 떠나지 않았다. 주위 동료가 내게 통일지방선거에 출마해보면 어떻겠냐는 말을 한 것도 이즈음이었다. 물론 처음에는 "에이, 그건 완전 말도 안 되지"라고 거절했지만 말이다.

혼란스럽기만 했던 자문자답

사람들이 나를 편견의 눈으로 바라볼지도 모른다는 공포감 때문에 지금까지 그저 모습을 숨기고 숨죽이며 살아왔다. 하지만 역시 이대로는 사태를 크게 전환시키기 어려워보였다. 누

군가 나서서 '성 동일성 장애'를 당당히 공표하고 문제를 호소
해야만 했다. 그 행위가 우리의 문제를 사회에 알리는 과정에
서 새로운 기폭제가 될 것이기 때문이었다. 그러려면 얼굴을
드러낼 '누군가'가 반드시 필요했다. 하지만 누가 용기를 낼 것
인가……?

　며칠을 고민한 끝에 나의 파트너인 야마지 아키히토山路明人
와 상담했다. 1997년에 '트랜스젠더와 성 동일성 장애를 겪는
사람들을 돕고 지원하는 그룹'인 'TS transsexual(트랜스섹슈얼)와
TG transgender(트랜스젠더)를 돕는 이들의 모임'(현재는 TNJ Trans-
Net Japan라고 부르는 경우가 많다)에서 만난 그는, 나와는 반대로
여자에서 남자로 성별을 바꾼 사람이다. 둘 다 성별을 바꾸는
과정의 중성적 외양이었을 때 알게 되어, 함께 '치료'를 받으면
서 성별을 교차해 '자기다운 성'을 회복해나가는 과정을 공유
해왔다. 야마지는 많은 곤란한 상황들을 함께하고 서로 의지
하면서 소소한 희망을 함께 나누어온 나의 소중한 동지이다.
우리는 그 당시부터 함께 살기 시작해 5년이 지나고 있었다.

　만일 내가 선거에 출마하게 된다면 이런저런 일에 휘말려
가장 구설수에 오르게 될 사람이 바로 그였다. 틀림없이 둘이
서 서로 의지하며 살았던 조용한 생활을 잃어버리고 말 것이었
다. 하지만 나는 그의 도움 없이는 선거라는 미지의 영역에 혼

자 들어갈 수 있을 것 같지 않았다. 그래서 그에게 "야마지, 누군가 의원으로 나서면 좋지 않을까 했던 이야기말야……. 내가 여러 가지 생각해봤는데 이번에 세타가야 구 구의원 선거에 내가 나가면 어떨까 하고……"라고 말했다. 그런데 그는 "아, 그렇구나……"라고만 할 뿐 긍정도 부정도 하지 않았다.

나는 고민거리가 있으면 주변 사람들에게 도중의 경과를 하나하나 말하면서 마음을 정리해나가는 타입이지만 야마지는 아무 말도 하지 않고 혼자 생각한 다음에 결론을 내는 타입이었다. 내가 그의 진심을 떠보려고 "어떨 거 같아?" 하고 몇 번이나 물어봐도, 그는 "결정은 아야의 몫이지"라는 대답만 들려줄 뿐이었다.

나는 친구들에게도 의견을 물어보았다. 'TNJ'의 주재자인 모리노 호노호森野ほのほ 씨는 "아야는 말하는 거랑 글쓰는 거에 재주가 있으니까 살면서 몇 번 없는 큰 기회가 될 수도 있지 않을까"라고 긍정적인 반응을 보였다. 또 다른 멤버는 "누군가 나서야 한다는 건 알겠는데 그걸 왜 네가 떠맡아야 해? 앞으로 계속 '원래 남자'라는 딱지가 붙게 될걸"이라고 말하며 복잡한 표정을 지어 보이기도 했다. 나의 고교시설과 대학시절을 함께한 동창생은 내가 사람들의 편견에 노출되어 만신창이가 되지는 않을까 걱정하며 "왜 네가 나서려고 그래! 좀 더 맷집 좋

은 사람은 없어?"라고 화를 냈다. 또 어떤 사람은 "입후보하게 되면 온갖 모욕이나 잡스러운 말도 들을 걸 각오하셔야 할 거예요. 솔직히 목숨 걸 각오하셔야 할 겁니다"라고 날 걱정하며 메일을 보내오기도 했다. 내가 정말 말도 안 되는 일을 벌이려고 하는 건 아닌가 하는 자문자답이 계속 이어졌다.

가족의 말

집에서 가족과도 상담했다. 부모님이 계시는 집으로 향하는 전철에서 창밖의 익숙한 야경을 바라보며 가족들이 각자 어떻게 반응할지 상상해보았다. 사교적인 성품에 여러 번 지역사회 선거에도 참여해본 경험이 있는 어머니는 놀라시기는 하겠지만 아무 말 없이 나를 지켜봐 주실 것 같았다. 하지만 지방에서 상경해 문자 그대로 몸뚱이 하나만 가지고 인생을 일구어오신 아버지는 사회가 결코 만만하지 않다는 말씀을 하시며 반대하실 것 같았다.

내 이야기를 듣고 처음으로 입을 연 사람은 어머니였다.

"지원해주는 모체가 있고 응원해주는 지역 기반이 있어도 어려운 게 표를 모으는 일이란다. 네가 호소하고 싶은 메시지가 틀렸다고는 생각하지 않아. 하지만 아무런 기반도 없는 선거에서 당선되기는 어렵지 않겠니?"

선거를 출마자 진영 쪽에서 바라본 경험이 있는 어머니다운 분석이었다. 흔히 선거에 당선되려면 '지역 기반, 간판, 학력'이라는 견고한 토대가 필요하다고 이야기한다. 출마하는 곳이 부모님 슬하에서 태어나고 자란 동네라면 또 모를까, 내가 입후보를 생각한 곳은 부모님 집에서 멀리 떨어진 세타가야 구였다. 그런데 나는 '성 동일성 장애'의 당사자라는 사실 말고는 아무런 직함도 지명도도 없었다. 게다가 선거 자금도 하나도 없는 것과 다름없었다. 남동생도 "부조리함을 호소하고 싶은 마음은 알겠는데 왜 굳이 누나가 하려고 해?"라며 부정적인 반응을 보였다. 가족들 옆에서 애완견 베스파가 걱정스러운 눈으로 내 얼굴을 가만히 바라보았다. 가족들이 입을 굳게 다물고 있는 와중에 아버지께서 조용히 말씀을 시작하셨다.

"한두 번 선거에 나간다고 해서 사회의 편견이 금방 바뀌지는 않을 거야. 그래도 네가 말한 것처럼 누군가 나서서 호소하지 않으면 바뀌지 않는다는 것도 엄연한 사실이겠지. 그래도 막상 나가면 불이익도 당할 거고, 부당하다는 생각이 들 때도 있을 거야. 또 문제의 본질을 이해하지 못하고 반짝 유행품 보듯 널 대하는 사람들도 있을 거고. 그래도 상관없이 문제를 호소하겠다면 반대할 이유도 없다. 네가 옳다고 생각하는 일을 해라. 가족한테 폐 끼친다는 생각 같은 건 하지 말고, 너도 네 친구들도 행복해질 수 있도록 힘내봐라."

의외로 아버지께서 가장 긍정적이셨다. 아버지의 말을 어머니와 동생도 말없이 듣고는 반대하지 않았다. "절대로 돈키호테가 되어서는 안 돼. 그저 신기한 사람으로 여겨지고 끝나서는 안 된다." 집으로 돌아갈 때 아버지께서는 이 말씀으로 나를 배웅해주셨다.

돌아가는 길 내내 눈물이 흘렀다. 지금까지 가장 가까운 가족들에게 부정당한 친구들을 많이 봐왔다. "넌 뭔가 잘못 생각하고 있어." "진짜 이상한 놈이야." 가족들에게 그런 말들을 수없이 들으면서 "난 지금의 나대로 괜찮아"라는 자기긍정성을 가지기란 매우 어렵다. 자기긍정성은커녕 사는 것 자체가 어려워지고 말 것이다.

나는 행복하게도 가족들이 좋은 이해자가 되어 나를 지탱해주고 있다. 그렇다면 역시 "여기에 있어요"라고 목소리를 내는 사람이 내가 되어야만 하지 않을까.

그래, 출마할 거야!

구의원 선거 투표일은 4월 말로 예정되어 있었다. 고민만 하면서 여기저기 다니는 사이 2주가 흘렀다. 원래대로라면 벌써 결론이 나와야 할 시기였다.

"역시 문제를 제기하고 호소할 사람이 꼭 있어야겠지? 누군 가는 나가야겠지?"

다른 사람의 이야기를 하는 듯한 말밖에 반복할 수 없었던 나는, 내심 야마지가 "한번 해보는 게 좋을 것 같아. 한번 해 봐" 하고 등을 밀어주기를 기대하고 있었다. 그러나 그는 그렇게 하지 않았다. 마음은 초조해지고, 결심은 서지 않고, 식욕은 떨어지고, 잠은 오지 않는 나날이 이어졌다. 매일매일 "역시 출마하는 게 좋을 것 같긴 한데…… 어떻게 하면 좋지", "야마지, 어떻게 생각해?"라는 말만 되풀이하는 내게 야마지는 결국 질려버렸다. 그는 "그래서 어떻게 할 거야?" 하고 따지듯 물었다. "결정 못 하겠으면 그만두는 게 나아."

그 한마디에 나는 반발했다.

"그래도 여기서 그만두면 아무것도 바뀌지 않잖아!"

"나는 그걸 물어본 게 아냐. 나갈 건지 말 건지 결론을 묻는 거라고!"

"결론, 결론 하지만 마음이 100% 정해지지 않는 걸 어떡해! 그래도 나가는 게 좋겠다는 마음이 계속 50%를 넘으니까, 그냥 나갈래!"

내가 매우 공격적인 어조로 되받아쳤는데도 야마지는 온화하게 "아야가 출마하고 싶다는 마음이 들면 한번 나가보는 게 좋다고 생각해. 출마하면 도와줄게"라고 말했다. 나중에 선거 자문을 부탁드린 A 씨가 야마지에게 "계속 선거사무소에 있으면서 일을 봐줘야 하는데, 내일이라도 당장 일 그만둘 수 있나? 만약 그러지 못하는 상황이라면 출마하는 건 관두는 게 좋을 거야"라고 말했을 때, 그는 "네"라는 한마디 말만 하고는, 바로 다음 날 직장에 사표를 제출했다. 그는 건강보험이 적용되지 않는 성별적합수술을 받기 위해 그동안 저축하며 모아두었던 돈까지 전부 나에게 주며 "선거 비용에 보태 써"라고 말했다. 선거운동을 하면서 내 주변에는 정말로 많은 사람들이 오갔다. 다양한 생각을 가지고 모여든 사람들을 하나로 묶고, 동시에 때때로 직면하게 되는 악의적인 말들에 대응해주는 사람이 없었다면, 결코 선거를 무사히 끝낼 수 없었을 것이다. 이 모든 것을 떠맡고 지탱해준 사람이 바로 야마지였다.

더듬더듬 선거운동

선거사무소를 개설하다

선거 활동을 하려면 먼저 거점이 되는 선거사무소가 있어야한다. 하지만 부동산 중개소 몇 곳을 돌아다니면서 선거사무소를 찾는다는 말만 꺼내도 경원시당하는 현실에 무척 당황했다. 게다가 나는 직장을 그만두었기 때문에 일정한 수입도 없었고, 외모와 주민표상의 성별이 다르다는 특수한 사정도 있었다. 선거전이 시작되기도 전에 초반부터 벽에 부딪히면서 매우 곤란해하던 우리는 아는 사람의 소개로 고토쿠지 상점가의 유지 역할을 하는, 한 케이크 가게의 주인과 상담하게 되었다. 투표일까지 약 2개월가량 남은 2월 중순 즈음에 가게를 방문하니, 나를 단순히 젊은 여성 후보자로 생각한 가게 주인아저씨가 "왜 구의회 선거에 나올 생각을 했어?"라고 물었다.

당장 설명을 해야 하는 상황에 몰린 나는, 외모는 여성이지만 호적은 남성으로 되어 있다는 것과 별의 별 모든 경우에서 우리 같은 사람들이 사회제도에서 배제되는 현실에 대해 말씀 드렸다. 또 사회에 호소하고 싶다는 나의 생각도 전했다.

그런데 사정을 들은 주인아저씨의 첫마디는 "아니 왜 모처럼 남자로 태어났는데……"였다. "왜 굳이 여자가 되고 싶었던 건가?"라는 부분에서 걸려 넘어져 대화가 헛돌았다. 어렸을 때부터 느꼈던 위화감, 남에게 상담할 수 없었던 사춘기, 남성을 가장하고 샐러리맨으로 보내야 했던 나날들, 가족으로부터 자립하기 위해 세타가야에 이사 온 것 등……. 한 시간 정도 이야기하는 동안 몇 번이고 눈물이 차올랐다.

"아무리 그래도 말이야……"라며 팔짱을 끼고 말하는 주인아저씨 뒤에서 쭉 이야기에 귀를 기울이던 주인아주머니가 처음으로 한마디 보탰다. "……그러니까 이 사람 여자 맞네." '이유로 따져서 알 일이 아니야'라고 논하는 것 같은 아주머니의 어조에 주인아저씨는 입을 다물고 있다가 결심한 듯 "뭐, 괜찮을 것 같은 사람이 있으니 한번 물어볼까" 하며 빈 점포를 가진 건물주에게 연락해주었다. 이 일을 계기로 2월 23일 겨우 염원하던 선거사무소를 빌릴 수 있었다.

선거사무소로 빌린 곳은 이전에 스시 가게였던 곳이었다. 목재로 된 미닫이문을 드르륵 여니 오른쪽에는 각종 스시용 회를 진열해놓았던 유리 케이스가 있는 카운터가 보였고, 왼쪽에는 사람들이 앉아서 식사를 했던 다다미 공간이 바닥에서부터 살짝 턱을 두고 펼쳐져 있었다. 그리고 안쪽에는 다다미 12장 정도 되는 크기의 일반 방이 있었다. 공간이 넓은 것은 매우 감사했지만 텅 비어 있는 데다 살짝 어두워서 그런지, 아무것도 없는 상태에서 시작한다는 것에 대한 불안감이 밀려와 기분이 좀 가라앉았다.

제1회 선거대책회의에 모인 사람은 고가네이 시의 시의회 의원(당시)인 와카타케 료코若竹りょう子 씨, 선거 자문인 A 씨, 성 동일성 장애인 당사자인 I 씨와 M 씨, 그리고 야마지와 나를 포함해 여섯 명뿐이었다. 집에서 가지고 온 비품이라고 해봐야 컴퓨터와 전화기가 다였다. 친구들이 여러모로 애써준 덕에 어떻게 쓸 만한 태세를 갖출 수 있었다. 결국 새로 산 물건은 거의 없었고, 뭔가 필요한 게 있으면 말만 하라는 분들이 여럿 나타나주신 것에 깊이 감사했다.

그 후 얼마 동안 나를 포함해 직장에 다니는 10명 정도가 틈틈이 시간을 내 사무소에 왔다 갔다 하는, 약간 썰렁한 상태가 계속되었다. 그러나 선거사무소를 연 3월 16일에는 놀랍게도 40명에 가까운 사람들이 달려와 주었는데, 트랜스젠더 당사자들뿐만 아니라 신문보도와 나의 메시지를 올린 홈페이지의 공지사항을 보고 와준 사람들도 있었다. 학자, 극단 배우, 대학생, 주부 등 실로 각양각색의 사람들이 각자 나름의 생각을 가지고 달려와 준 것이었다. 입추의 여지도 없이 들어선 많은 사람들에게 그저 감사하고 놀라웠다.

이때의 잊을 수 없는 추억이 또 한 가지 있다. 부모님께서 달려와 주신 것이다. 갑작스럽기는 했지만 나는 아버지께 인사 말씀을 부탁드렸다. 그런데 감정이 북받쳐 오른 아버지는 '제 부족한 아들놈이……" 하고 말씀을 시작하셨다. 모두들 폭소를 터트렸다. 인사하기 직전, 어머니한테서 "아야 아버지, '아들' 같은 말은 하면 안 돼요"라고 몇 번이나 이야기를 듣고 절대 틀리지 않겠다고 '우리 딸이, 우리 딸이……' 하시며 연습을 하셨다고 한다. 그런데 무의식적으로 입에서 튀어나온 말은 '아들놈'이었다……. 의외의 상황에서 터진 웃음에 선거사무소는 한층 더 화기애애한 분위기로 바뀌었다.

'여성'으로 입후보하다

선거에 정식으로 입후보하기 위해서는 임의로 진행되는 '사전심사'라는 절차를 거쳐야 한다. 이는 서류 제출 고시일 전에 신고할 때 제출해야 하는 서류가 완비되어 있는지, 기재 사항에 누락은 없는지 등을 선거관리위원회가 확인하는 절차이다. 역시나 입후보 등록 신청서류에는 성별 기재란이 있었고 '남'과 '여' 중 하나에 동그라미를 쳐야 했다. 나는 며칠 동안 어떻게 대응할지 고민하다가 위원회 측이 어떻게 나올지 알 수 없어서, 결국 담당자와 상의해보기로 하고 어느 쪽에도 표기하지 않은 채 공란으로 두었다.

3월 25일, 사전심사회장. 나는 "호적상으로는 남성이지만 '남성'으로 입후보하고 싶지 않습니다"라고 선거관리위원회에 말했다. 함께 동행해준 동료들과 그 자리에 동석한 보도진이 마른침을 삼키며 지켜보는 와중에 위원회 측은 이미 이렇게 될 것을 예상하고 있었던 것처럼 보였고 곤혹스러운 표정은 없었다. "성별을 어떻게 할 것인지는 도쿄 도 선거관리위원회와 연락을 해놓았고 현재 그쪽에서 총무성에 질의 중입니다", "세타가야 구 차원에서는 판단할 수 없는 문제이기 때문에 총무성에서 답변이 올 때까지 기다려주십시오"라는 답변이 돌아왔다.

서류는 성별란을 공란으로 둔 채 일단 접수받는 것으로 되었다. 공직선거법 규정에서 완전히 벗어난 등록 신청인 만큼, 나는 행정 측이 '남'에 표기해 신청서를 제출하도록 요구할 거라고 생각해 이미 각오도 한 상태였다. '남성'으로 등록 신청하도록 강제할 경우에는 항의하겠다고 굳게 마음도 먹었지만 말이다. 결론은 일단 유보 상태. 뭔가 허점을 간파당하고 한 방 먹은 기분이 들었다.

입후보가 확실해진 지 한 달 정도 지난 뒤부터, 본격적으로 가두활동에 임하며 내 생각을 호소해나갔다. 하지만 3월 27일부터 도쿄 도지사 선거와 중의원 의원 보궐선거의 고시기간이 계속 이어져, 다른 정치단체가 가두활동을 할 수 없었다. 그래서 구의원 고시 기간을 뺀 나머지 기간부터 투표일까지 아무런 지장 없이 세타가야 구에서 가두활동을 할 수 있는 날은 4월 14일뿐이었다.

우리는 그날 하루 동안 세타가야 구의 다섯 곳에서 가두활동을 하며 거리를 누볐다. 이른 아침 교도 역 앞에서 가두활동을 끝내고 이동할 때 갑자기 주머니 속 휴대전화가 울렸다. 야마지였다. 언제나 냉정한 그답지 않게, 그는 고양된 목소리로 "아야! 지금 빨리 돌아와! 입후보 성별에 대한 답이 팩스로 막 들어왔어!"라고 말했다. 알겠다고 하자 바로 전화가 끊겼다. '대체 뭐지?' 도통 어떻게 돌아가고 있는 건지 알 수가 없었다.

일단 다음 연설 장소를 확보하기 위해 뛰어가는 멤버와 헤어진 뒤, 전철을 타고 한 정거장 와서 선거사무소로 달려갔다. 그 자리에 있던 몇 명과 함께 팩스로 전송된 글을 보니 거기에는 이렇게 쓰여 있었다.

"입후보자가 호적상과 다른 성별을 기재하여 입후보 신청을 한 경우, 호적에 있는 대로 정정하도록 주의를 재촉하여야 하나 이에 응하지 않을 경우 그대로 수리할 수밖에 없다."

"뭐지? 뭐지? 무슨 말이야? '여'에다 동그라미를 쳐도 받아준다는 말이지?"

서로를 바라보는 눈이 점점 커졌다. 그다음 순간 우리는 너무나 기쁜 나머지 큰 소리를 내며 목소리를 높였다.

"인정받은 거야! 여성으로서 입후보해도 된다는 말이라고!"

그때 나는 지금까지 깜깜한 어둠속을 손으로 더듬거리며 걸어오다가 갑자기 빛에 둘러싸이며 시야가 열리는 듯한 느낌을 받았다. 무언가가 확실히 움직이기 시작한 것처럼 느껴졌다.

2~3일 후, 선거관리위원회 사무국에 가서 성별란에 기재하기 위해 밖으로 나섰다. 도착해보니 이전에 공란으로 둔 채 맡겨두었던 서류가 이미 준비되어 있었다. 펜을 서류에 가까이 가져간 순간 직원이 말했다. "호적에 기재된 대로 써주시는 것이 통례인데, 괜찮으십니까?" 총무성의 견해대로 '주의를 재촉하는' 것이었다. 나는 직원의 눈을 보며 "괜찮습니다"라고 딱 한마디했다. 당당히 '여'에 동그라미를 치자 수속은 맥이 빠질 정도로 간단히 끝나버렸다. '여성'으로서 '입후보'하는 것이 실현된 것이다! 나도 모르게 온 얼굴에 절로 웃음이 피어났다.

구의원 선거의 고시일인 4월 20일 아침은 쾌청했다. 나는 후련하고 상쾌한 마음으로 선거관리위원회를 향해 발걸음을 옮겼다. 본격적으로 선거전에 돌입하며 '승부용'으로 고른 옷은 이미 나의 트레이드마크가 된 새빨간 정장이었다. 정식으로 입후보 신청 절차를 마치고 보니, 이제는 좋든 싫든 투표일까지 일주일밖에 남지 않은 상태였다. 일정은 이미 빈틈없이 들어차 있었다. '이제 동료들과 함께 다른 생각 말고 열심히 뛰어다녀야 한다. 선거 결과가 어떻게 되든 상관없이, 나는 지금 이 순간 아주 중요한 전환점에 서 있다'라고 생각했다.

자그마한 목소리, 사회에 전해라!

이어서 선거용 홍보 차량에 올라타고 본격적인 선거 활동에 돌입했다. 선거용 홍보 차량의 지붕에는 내 이름과 사진, 그리고 '자그마한 목소리, 사회에 전해라!'라고 쓰인 간판이 달려 있었다. 이 캐치프레이즈는 와카타케 씨가 제안한 것으로, 우리 같은 성 소수자뿐만 아니라 사회 속에서 목소리를 내고자 하는 사람들(장애인, 고령자, 아이들, 비정규직 프리터*)을 대변

---

* 일용직을 나타내는 일본의 사회 용어로, 영어 프리랜서(freelancer)와 독일어 아르바이트(arbeit)의 합성어에, 사람을 나타내는 영어 접미사 er이 붙어서 생겨난 조어이

해 나아가려는 '아야센あやせん('가미카와 아야'의 선거대책본부의 약칭)의 기본 이념이 집약된 것이었다. '가미카와 아야와 함께 내일을 엮어나가는 모임'이라는 후원회의 명칭 또한, 한 사람 한 사람의 작은 목소리를 하나하나 엮어서 사회를 움직이는 목소리로 바꾸어나가자는 메시지를 담아 지은 것이었다. 그리고 이 선거용 차량의 간판과 유인물은 많은 자원봉사자분들이 밤을 새워가며 만든 것이었다.

유세 내용을 낭독하는 여성 내레이터와 함께 "세타가야 구 구의회 후보 가미카와 아야입니다. 잘 부탁드립니다" 하고 활기차게 목소리를 높이고, 지나가는 구민들에게 손을 흔들며 거리를 도는 동안 어떤 한 가지를 알아차리고 깜짝 놀랐다. 금지 기간이 지나 본격적인 선거 활동이 시작된 지 얼마 되지 않은 시점이어서, 선거용 포스터 게시판에 다른 후보들 포스터는 드문드문 붙어 있는데도 내 포스터는 거의 대부분의 게시판에서 발견된 것이다.

887개소에 달하는 게시판에 내 포스터를 붙이는 작업을 해준 자원봉사자는 120명이 넘었다. 나중에 이야기를 들으니 포스터를 빠르게 붙이는 것으로 정평이 나 있던 구의회 제2정당

다. 아르바이트만으로 생활을 꾸려나가는 사람들을 가리킨다. _옮긴이

의 스태프들조차 "그쪽 팀 정말 대단하네요!"라며 감탄했다고
한다. 게시판에 내 포스터를 붙이고 있던 자원봉사자 두 명이
선거 홍보용 차량을 발견하고는 잠시 일손을 멈추고 열심히 손
을 흔들어주었다. 감격의 눈물이 나올 것 같았다.

나는 이제 혼자가 아니었다.

나다운 선거를

선거 활동에도 '상식'이라는 것이 존재한다. 예를 들어 선거
홍보용 차량에 올라타서는 "ㅇㅇ의회 의원후보 ㅇㅇㅇ, △△△
입니다. ㅇㅇㅇ, △△△ 후보에게 한 표 주십시오" 하는 식으로
후보자의 이름을 연이어 부르는 것이 일반적이다. 그리고 선
거 기간 중에 후보자는 남은 기력과 체력을 다해 큰 소리로 연
설해야 한다. 선거전 종반에 목소리가 다 쉬어 있지 않으면 유
권자들이 높이 평가해주지 않는다고 알려져 있다.

그러나 후보자 이름을 연호하는 것은 나도 선거가 있을 때
마다 '시끄럽다'고 생각했던 행위였다. 동료들과 이름만 주구
장창 연호하는 것만은 하지 말자고 입을 모았다. 또 '성 동일성
장애'를 공표한 '여성 후보자'로서 제도의 미비점을 호소하는
이상, '원래 남자'였음을 연상시키는 쉬어서 거칠어진 목소리

로 가두활동을 하는 일도 피해야 한다고 생각했다.

나의 선거를 지지해준 동료들은 모두 자원봉사자였다. 내 레이터를 맡아준 분은 그날 처음 해보는 일인데도 차에 타자마자 미리 작성한 샘플 원고를 낭독해야 했다. 그러나 마이크를 잡은 지 한 시간 정도 지나자 모두들 원고 없이도 거침없이 연설하게 되었다. 그들은 대가를 바라거나 우리에게 무언가 신세를 지고 있어서 이렇게 노력해주는 것이 아니었다. 참가한 한 사람 한 사람 모두 자기 나름의 신념이 있어서 이 선거에 정열을 쏟고 있었던 것이다. 마이크를 통해 전해지는 그들의 목소리에서 그런 기백이 느껴졌다.

변해가는 동네 분위기

편견에서 격려로

지금이니까 말할 수 있는 것이지만, 선거 활동을 처음 시작할 당시에는 지역의 반응이 정말 싸늘했다. 선거사무소가 된 점포를 겨우 찾아서 근처 상점가에 인사하러 다니기 시작했을 때에도 주민들은 선거사무소를 차린 것에 경계심을 표했다. 처음에는 대다수가 온화하고 부드럽게 대해주었지만 내가 입후보한 이유를 한 걸음 더 들어가서 설명하자 태도를 완전히 바꾸며 수상한 표정으로 나를 쳐다보았다. 잠깐 오래 머무는 것만으로도 거북해했다. 나를 위아래로 노골적으로 훑어보며 히죽거리기도 했다. 첫 대면에 갑자기 성기의 형태를 물어보는 사람도 있었다. 개중에는 "사회가 어쩌고저쩌고 하는데 그게 문제가 아니고, 당신 생각 자체가 이상한 거 아닌가요"라는 말을 하면서 두 시간 이상 계속 이야기하는 사람도 있었다.

나는 그런 상황에서도 어떻게든 인내심을 발휘해 잘 버텨내 보려고 "잘 부탁드립니다" 하고 머리를 숙였지만, 속에는 분한 마음과 함께 나 자신이 한심해진 기분이 가득 들어차곤 했다. 텅 빈 선거사무소에 돌아와 문을 닫는 순간, 참았던 눈물이 멈추지 않고 흘러내렸다. 그런 나날이 계속되었다.

가두활동을 할 때에도 처음에는 반응이 매우 좋지 않았다. 매일 아침마다 무서워서 졸아들 것 같은 마음을 굳게 다잡고 힘을 내야만 했다. 숨을 크게 들이마시고 이야기를 시작한다. 전에 말했던 그 '호적은 남성'이라는 구호에 다다르면 사람들은 놀라서 뒤를 돌아본다. 여자들 중에는 멀찌감치 떨어져서 무언가를 수군대는 사람들이, 남자들 중에는 한 번 쳐다보고는 관심 없다는 듯 가장하는 사람들이 많았다. "부모님이 어떻게 키운 거냐", "집에 가서 밥이나 해라" 같은 모욕적인 말을 듣기도 했다.

그래도 매일 아침저녁으로 통근객들이 많이 오가는 역 앞에 서자 일일이 내 모습을 쳐다보고 둘러보며 수군대는 사람들은 점차 줄어들었다. 내 목소리 따위는 전혀 들리지 않는 것처럼, 또 내 모습도 전혀 보이지 않는 것처럼 지나가는 사람들이 많아졌다. 하지만 나는 느낄 수 있었다. 모두 바쁜 발걸음으로 지나가고는 있지만 그 귀는 확실히 내 목소리를 듣고 있다고.

그리고 내 직감은 맞았다. 지금까지 거의 받지도 않고 지나쳤던 유인물을 받는 사람들이 하루하루 늘어난 것이다. 유인물을 읽고 다시 역 앞에 와서 말을 걸어주는 사람들도 있었다. 어린 딸 편으로 따뜻한 마실 거리를 담은 봉지를 전해준 어머니도 있었다. 일회용 손난로가 가득 든 봉지를 건네준 한 여성분의 친절함에, 나도 모르게 울먹인 적도 있었다.

그 자리에 멈춰 서서 내 연설을 듣는 사람들도 늘어났고, 역 개찰구에서 쏟아지는 수많은 통근객들에게 잘 들리도록 있는 힘껏 박수치며 개찰구를 나오는 여성분도 있었다. 또 바로 앞의 버스 정류장에서 책에 시선을 고정한 채 관심 없다는 듯 서 있다가 출발하는 버스 창문 너머로 엄지손가락을 세워 보이며 응원하는 여성분도 있었다. "힘/내/요"라고 말하는 그 입모양을 보고 왈칵 눈물이 쏟아진 나는, 긍정의 의미로 힘차게 고개를 끄덕이고 머리 숙여 떠나는 버스를 배웅했다.

매일 아침 출근길에 가두활동을 도와주는 사람들도 몇 명 생겨났다. 역에서 가두활동을 하고 있을 때 자원봉사를 하면 안 되겠냐고 묻는 사람들도 늘었다. 정말 절로 머리가 숙여졌다. 그렇다. '열의는 전해진다.' 정말 그 말을 실감하는 하루하루였다. 당시 인터넷에 올린 내 일기에는 그때의 상황이 이렇게 쓰여 있었다.

가두활동을 시작하고 조금 신기한 것을 느꼈다.

마음을 담아 마이크를 잡는다. 스태프분들이 모두 열심히 유인물을 나누어주고 있다.

마치 그 장소에 있는 에너지가 응축되어 더욱 뜨겁게 달아오르는 것처럼 느껴진다. 그리고 그런 열정에 호응하듯 유인물을 배부하는 기세는 더욱 타오른다.

열의는 반드시 전해진다.

— 아야류あや流! 단 한 번의 소중한 만남, 2003년 3월 9일

요즘 거리에서 다양한 분들이 말을 걸어주신다.

"힘내요."

아침에 선거사무소 문을 열고 있을 때 자전거를 멈추고 한마디 해주신 남자분.

"저도 응원합니다."

역 플랫폼에서 내게 악수를 건넨 남자분.

"이렇게 늦게까지 하세요?"

상점가 뒷골목 가게의 어느 주인분이 건네신 한마디.

"여러 힘든 일도 많겠지만, 저도 열심히 응원하고 있어요!"

— 같은 일기, 2003년 4월 3일

성 소수자의 상징, 신주쿠2번가

우리의 선거 활동은 여러 면에서 파격적이라는 말을 들었는데, 세타가야 구 밖에서 가두활동을 한 것도 그 이유 중 하나가 아닐까 생각한다. 장소는 신주쿠2번가. 성 소수자들이 모이는 곳으로 잘 알려진 이 거리는 JR신주쿠 역 동쪽 출구에서 도보로 10분 정도 떨어진 곳에 있다. 동성애자가 주 고객인 바와 클럽, 카페, 서점, 숍 들이 모여 있는 곳이다.

그 지역 주민들은 당연히 세타가야 구민이 아니고 그 동네에 모여드는 사람들도 세타가야 구민만 있는 것은 아니다. 그러나 세타가야에서 신주쿠까지는 오다큐 선이나 케이오 선으로 20분이면 도착할 만큼 가까웠다. 나는 세타가야 구에도 분명히 많은 성 소수자들이 살고 있을 거라고 생각했다.

"2번가에서 가두활동을 해보면 어떨까?"라고 문득 던진 한마디에 성 소수자인 스태프 대다수가 크게 관심을 보였다. "괜찮은데요! 꼭 합시다."

의문을 제기하는 스태프들도 있긴 했지만, 나는 여기저기 널리 퍼져 있어 그 존재조차 희미한 성 소수자들에게 밀도 높고 직접적인 메시지를 전달하고 싶었다. 그리고 신주쿠2번가라면 그것이 가능했다.

내가 입후보한 출발점이 그러했듯이 고민과 곤란함을 늘 안고 살아가는 성 소수자들의 문제는 본래 개인에게 귀결시켜서 끝낼 수 있는 문제가 아니다. 더 깊이 말하자면, 한 명의 소수자가 안고 있는 문제라도 실은 사회 전체의 문제인 것이다. 그러니 조금이라도 관심을 가져주었으면 좋겠다. 그리고 소수자들도 그것을 개선해나갈 수단으로서 정치가 존재함을 알아주었으면 좋겠다. 자신의 손으로 미래를 바꾸어나갈 수 있다는 것을 생생히 느껴주었으면 좋겠다.

세타가야 구에서 활동하면서 성 소수자인 구민과 만날 기회가 있었다. 그러나 "저도 동성애자입니다", "저도 여자와 둘이서 살고 있어요"라고 고백하면서도, "정말 죄송합니다. 응원하고 싶지만 이 동네에서는 도와드릴 수가 없네요. 가족과 친구에게도 제가 동성애자인 것을 비밀로 하고 있어서요"라고 말하는 사람이 많았다. 트랜스젠더 친구들도 "정말 미안해. 그런데 투표는 역시 못 할 것 같아. 투표소에 가면 문제가 생기잖아. 나한테는 무리야"라고 말했다.

3월 8일 저녁, 신주쿠2번가의 중심인 나카도리와 야나기도리의 교차점에 처음으로 섰다.

"트랜스젠더 가미카와 아야입니다. 저도 성 소수자입니다."

아직 여명이 희미하게 남아 있는 시간대, 한눈에도 동성애자임을 알 수 있는 사람들은 그리 많지 않았다. 신주쿠2번가는 심야가 되어서야 활기를 찾는 거리이므로 당연한 일이었다. 그래도 내 말에 가던 길을 멈추고 말을 거는 사람들이 꽤 있었다.

"뭐 하시는 거예요?", "선거예요?", "와, 그럼 원래 남자예요?"

기대했던 뜨거운 반응은 없었지만 고독감과 소외감은 전혀 느낄 수 없었다. 동성애자들은 트랜스젠더가 가진 문제를 자신의 문제처럼 생각하지는 않아도 나의 존재를 부정하지는 않았다.

성이란 다양한 것이고 모두 자기답게 행동하면 된다. 그런 가치관을 이유를 따지지 않고 공유하는 거리, 그곳이 신주쿠2번가였다. 동네는 자연스럽게 섞여들기 쉬운 곳이었고 주위에 유인물을 나누어주는 자원봉사자들도 같은 느낌을 공유하고 있는 것처럼 보였다. 다들 매우 편안하고 자연스러운 모습으로 사람들을 대하고 있었다.

개중에는 가까이 뛰어와 "제가 살고 있는 나카노 구에서 입후보해주셨으면 좋았을 텐데 아쉽습니다!" 하면서 내 손을 두 손으로 꼭 잡는 '언니'도 있었다. 같은 일본, 같은 도쿄인데도 동네에 따라 이렇게 '공기'가 달랐다.

신주쿠2번가에서는 총 3회의 가두활동을 전개했다. 두 번째, 세 번째 할 때마다 반응이 확실히 좋아졌다. 유인물은 빠르게 줄어들었고 거리에서 "힘내세요!" 하는 목소리도 점점 더 많이 들렸다.

투표일

그리고 투표일이 다가왔다. 4월 27일 아침은 쾌청했다. 전날 자정까지 역 앞에 서서 귀가하는 사람들에게 마지막 인사를 전했다.

"지금까지 이래저래 시끄럽게 해서 죄송합니다. 그동안 정말 감사했습니다."

투표소에 도착하니 TV 방송국과 신문사의 카메라가 쭉 늘어서 있었다. 내가 투표하는 모습을 촬영하러 온 분들이었다. 땀투성이가 된 세타가야 구의 선거관리위원회 담당자는 정리하느라 정신이 없어 보였다. 매우 죄송한 마음이 들었다.

나는 접수하는 곳에서 투표용지를 받아 기표대에서 후보자 이름을 적었다. 내 이름을 적으니 신기한 기분이 들었다. 은색의 투표함 쪽으로 나아가는 내게 일제히 렌즈가 향했다. 투표함 앞에 서서 카메라를 봐달라는 요청에 미소를 지어보였다. 플래시의 섬광이 겹쳐서 눈이 부셨다. 그리고 겨우 투표를 마쳤다. 나의 한 표가 투표함에 미끄러져 들어가는 모습을 지긋

이 바라보면서 '이걸로 한 표'라고 마음속으로 세었다.

유권자는 후보자 한 명만 고를 수 있다. 내 이름을 적어준 사람이 얼마나 있을지는 알 수 없었다. 그들은 72명의 입후보자 가운데 단 한 명의 후보자를 적기 위해 투표소까지 발걸음을 옮기는 것이다. 그 한 표의 무거움을 생각했다.

오후 9시부터 개표가 시작되었다. 선거사무소에는 지지자분들과 매스컴에서 온 분들이 꽤 많이 모여 있었다. 각 매체마다 취재기자 한 명, 카메라맨 한 명으로 조정해줄 것을 부탁했지만, 카메라가 다 들어오지 못해 작은 트러블이 생길 정도로 분위기가 살기등등했다. 선거사무소 안은 사람들로 가득 차서 숨쉬기가 괴로울 정도였다. 이제 결과를 기다리는 수밖에 없었다. 나는 말 그대로 "도마 위에 오른 도미" 그 자체였다.

개표 상황의 중간 결과를 알기 위해 스태프 몇 명에게 쌍안경을 챙겨서 개표소에 가 있어달라고 부탁했다. 개표대에는 후보자별로 장소가 지정되어 있었고, 그 자리에 계속해서 투표용지 묶음이 쌓여갔다. 그 묶음을 세는 스태프의 보고에 각 진영이 일희일비하게 되는 것이다.

내가 후보자가 되기 전에는 빠르든 늦든 나중에 결과만 알면 그만일 텐데 뭘 저렇게 새삼스럽게 지켜보나 하고 생각했었지만, 지금은 그 무엇보다도 신경이 쓰였다. 개표소에서 "가미카와 아야 씨 장소에는 투표용지가 산처럼 쌓여 있다", "다른 후보자의 투표용지 더미랑 비교하면 부피가 꽤 크다"라는 보고가 들어왔다. 나에게는 '조직표'라는 것이 없었다. 그럼에도 한 사람 한 사람의 독립된 생각이 표로 이어진 것이라고 생각하니 감개무량했다.

"가미카와 씨, 당선입니다"

개표가 진행되는 동안 시간은 계속 흘렀고 막차 시간이 다 되어 귀가하는 지지자들도 많아졌다. 카메라를 들고 당선이든 낙선이든 '결정적인 순간'을 포착하려고 기다리는 매스컴 관계자들에게서 짜증스러운 기색이 나타나기 시작했다. 나 역시 불안한 마음이 파도처럼 엄습해왔다. 결과는 선거관리위원회가 각 선거사무소에 전화를 걸어 전해주기로 되어 있었다.

새벽 1시쯤 전화벨이 울렸다. 휴대전화 벨소리였다. 지인이 "어, 어!"라고 큰 소리로 말하길래 그쪽을 바라보니, 그는 휴대전화 수화기를 손으로 막으며 "당선이래……"라고 어안이 벙벙한 표정으로 말했다.

"네……?!"

순간 정적이 깨지고 "가미카와 씨 당선입니다!"라는 목소리가 들렸다. 그 후 차례차례 미디어 각 사의 휴대전화에 같은 연락이 들어왔고 선거사무소 안의 카메라 스트로보라이트가 여기저기서 켜지면서 실내를 가득 비추었다. 만세를 외치는 사람, 폭죽을 터트리는 사람, 울음을 터트린 사람 등 선거사무소는 벌집을 건드린 것처럼 한바탕 대소동이 일었다.

누군가 내 앞으로 스위트피 꽃으로 만든 작은 꽃다발을 보내왔다. 이 꽃의 꽃말은 '새 출발'이었다. 나는 지지자분들의 축복과 차례차례 건네진 악수에 미소로 답하는 한편, 막중한 책임감에 눌려버릴 것 같은 마음이 들었다. 조금 전까지만 해도 "여기서 낙선하면 재기는 어렵겠지……"라고 생각하던 차였기에 4년이라는 임기가 정말 아득하게 느껴졌다.

나의 총득표수는 5024표. 72명 중에서 6위로 당선되었다. 낙선한 20명 중에는 현직 의원이 9명이나 포함되어 있었을 정도로 치열한 선거전이었다.

나는 다음 날도 어김없이 오전 7시부터 고토쿠지 역 앞에 서 있었다. 통근하는 사람들에게 감사 인사를 전하고 싶어서였다. 물론 눈앞에 지나가는 모든 사람들이 내게 투표한 것은 아니지만 나에게 5024표라는 큰 표를 주신 구민분들이 이 중에 반드시 있을 거라고 생각하니 그렇게 하지 않을 수 없었다.

"지금까지 이래저래 시끄럽게 해서 정말 죄송합니다. 앞으로도 꼭 잘 부탁드립니다."

공직선거법에 저촉될 가능성이 있기에 당선 보고와 감사 인사를 직접적으로는 할 수 없었다. 머리를 숙여 인사하는 내게 길을 가던 사람들이 차례차례 다가와 말을 걸었다. "축하드립니다", "저도 응원해요!", "열심히 하세요", "활약하셔야죠."

한 사람 한 사람의 따뜻한 말에 눈물이 절로 흘러내렸다. 그날 아침, 정말 많은 분들이 내게 "세상은 아직 살 만하군요"라고 말했다. 그중에서도 어머니와 동년배인 듯한 한 여성분이 건넨 말이 잊히지 않는다. "세상 사람들이 가미카와 씨를 어떻게 평가할까 내심 걱정했어요. 그래도 볼 줄 아는 사람들은 다 보고 있었네요. 가미카와 씨를 배신하지 않는 세상이라서 정말 행복합니다."

'가미카와 아야'는 나 한 사람이지만, 선거 활동을 돌이켜보면 '가미카와 아야'는 한 사람 한 사람의 뜨거운 마음이 모인 집합체임을 깊이 깨닫게 된다. 결과적으로 나의 선거 활동에 단 한 번이라도 동참한 사람들은 200명이 넘었다. 그분들이 있었기에 의원이 될 수 있었다. 자그마한 목소리를 하나하나 엮어서 사회를 바꾸어나간다는 호소로 나는 정치가가 되었다. "이제부터 내가 그 작은 목소리들을 정치의 장에 전달하는 임무를 짊어지는 거야." 그렇게 생각했다.

2장

나는 누구인가

성에 대해 생각하다

한 살 반 즈음의 사진이다. 어린아이가 어떠한 과정을 거쳐서 자신의 성별을 인식하게
되는지는 아직 밝혀지지 않았다.

단짝은 늘 여자아이

출생

1968년 1월 25일, 나는 도쿄에 있는 아사쿠사라는 지역에서 태어났다. "아들입니다"라는 조산사의 말에 이어 어머니의 귀에 들어온 것은 "야, 이거 아슬아슬했네요"라는 중얼거림이었다. 나는 신장 45센티미터, 몸무게 2200그램의 미숙아로 태어났다. 당초 출산 예정일은 3월 3일로 한 달 반이나 이른 출생이었다.

나는 각각 한 살 반 터울의 형과 동생 사이에서 삼형제 중차남으로 자랐다. 아버지는 셋집의 한구석에서 작은 손해보험 대리점을 운영하셨고, 어머니는 때때로 부업을 하신 적도 있지만 기본적으로 전업주부셨다.

형은 외조부모에게 첫 손자였다. 친척이 근처에 살고 있어서 가족 모두의 귀여움을 받고 자라, 조금 제멋대로에 응석받

이인 구석이 있었다. 형은 전차를 매우 좋아해서 아버지에게 안겨 전차를 보러 가는 것이 일과였다고 한다. 또 손재주가 좋아서 프라모델을 몇 개씩이나 조립했다가 부수고 다시 만들곤 했다. 형은 집 근처에 많이 있었던 웅덩이에서 낚시로 가재를 잡아 꼬리를 비틀어 떼고는, 그것을 다시 미끼로 가재를 잡곤 했다. 나는 그런 형을 보며 어린 마음에도 "형은 정말 대단한 일을 해내는구나"라고 생각했다. 형에게는 내가 절대 흉내조차 내지 못할 씩씩함이 있었다.

그리고 나의 동생. 어린 시절 동생과 나는 동갑내기 친구처럼 사이가 매우 좋았다. 각자 들고 온 요를 이중으로 쌓고 푹신푹신한 상태로 만들어 그 위에서 함께 자곤 했다. 동생은 태어날 때부터 영리했는데, 초등학생이 되어서는 공부 같은 건 전혀 하지 않는 것처럼 보이는데도 성적은 늘 A를 받았다. 초등학교 시절 어린이 야구에서도, 중학교 시절 배구 시합에서도 동생은 중심 선수로 활약했다. 무엇을 하든 시원스럽게 잘해내고 요령이 좋았으며, 항상 스포트라이트의 중심에 서 있는 듯한 느낌의 아이였다.

인형이 갖고 싶었던 아이

응석받이 형과 영리한 동생 사이에 낀 나는 그다지 눈에 띄지 않는 평범한 남자아이였다. 나는 나 자신을 언제나 '앗짱あっちゃん'이라고 말했다. 남자아이들이 자신을 지칭할 때 쓰는 '보쿠僕'나 '오레俺'라는 말은 쓰지 않았다. 그 이유는 나도 알 수 없었다. 그저 어떻게 해서든 그런 말을 쓰고 싶지 않았다.

어린이집에 다닐 때 내 단짝은 항상 여자아이였다. 나와 가장 사이가 좋았던 아이는 근처에 사는 '리짱'이었다. 어린이집 선생님은 내 육아일기에 이런 말을 남겨두었다. "'선생님~ 앗짱은요~'라는 말로 하루를 시작하는 우리 앗짱. 항상 리짱과 함께인 앗짱. 어른이 되면 둘이 결혼하려나?"

옆에서 보면 리짱과 나는 여자아이와 남자아이였으니 어디를 가든 함께인 우리 둘을 어른들은 종종 작은 커플인 것처럼 대했다. 나는 내가 남자아이로 여겨진다고 느낄 때마다 어쩐지 불쾌했다. 뭔가 납득이 가지 않았고 거짓말처럼 느껴졌다. 그래도 목욕탕에 들어갈 때면 형, 동생과 같은 몸을 가지고 있는 것을 봤으니 뭔가 석연치 않더라도 "역시 난 남자아이구나······" 하고 생각할 수밖에 없었다. "다른 애들도 나처럼 이상한 기분을 느끼려나?" 하고 생각해보기도 했지만 그런 의문을 입 밖에 낸 적은 없다. "나만 다르다"라는 사실을 아는 것이 어딘가 무섭게 느껴졌기 때문이다.

점점 성장하면서 형, 동생과는 다른 점이 서서히 눈에 띄기 시작했다. 형과 동생은 히어로가 등장하는 TV 프로그램을 즐겨보면서 매번 두근거리는 마음으로 권선징악 스토리에 등장하는 용감한 히어로를 동경했다. 자기주장이 별로 없던 나도 같이 시청하기는 했지만 재미있다고 생각한 적은 거의 없었다.

내가 감정이입할 수 있는 캐릭터는 〈울트라맨〉을 본다고 하면 울트라맨의 어머니였고, 〈비밀전대 고레인저〉에서는 여성 멤버인 모모레인저였으며, 〈꼬마 바이킹 비케〉에서는 비케의 어릴 적 친구인 여자아이 치치였다. 즉, 뭐가 되었든 간에 등장인물 중 몇 안 되는 여자 캐릭터에 이입했던 것이다.

형과 동생이 빠져들었던 슈퍼카나 요요도, 루빅스 큐브도 나와는 전혀 연이 없는 것 같았다. 형과 동생이 졸라서 함께 보러 갔던 영화 〈우주전함 야마토〉나 〈스타워즈〉에도 별 관심이 없었다. 그런 게 있어도 나는 일찌감치 어머니와 함께 집을 보겠다고 하고 신경도 쓰지 않았다. 내게는 여름방학 때 사촌 집에서 보았던 〈들장미 소녀 캔디〉가 훨씬 재밌었다. 시종일관 이런 식이다 보니 형, 동생과 비교하면 나는 어딘가 유약하게 보이곤 했는데, 어른들한테서 종종 "패기가 없다", "더 활발하게 놀아" 같은 말을 듣게 되니 자신감이 조금씩 사라졌다.

어느 해 정월에 형과 동생은 세뱃돈으로 무선 조종차를 살지, 철도 모형을 살지를 두고 고민하고 있었다. 반면 나는 근처 장난감 가게에서 보았던 옷을 갈아입힐 수 있는 인형을 계속 마음에 두고 있었는데, 어른들의 반응을 생각하니 차마 '가지고 싶다'라고 말할 용기가 나지 않아 결국 살 수 없었다.

내가 초등학생이었을 때 남자아이들의 장래 희망 넘버원은 프로야구 선수였다. 같은 반 남자아이들 대다수가 자신이 좋아하는 프로 야구팀의 모자를 쓰고 등교하곤 했는데, 남자아이들끼리 만나서 제일 먼저 꺼내는 화젯거리는 언제나 좋아하는 야구팀 이야기였다. "어느 야구 팀 좋아해?" 몇 번이고 반복되는 이 질문에 나는 늘 "요미우리 자이언츠"라고 답했다. 도쿄에서 태어나 자란 나에게는 그것이 가장 안전한 답이었기 때문이다. 사실 야구에는 하나도 흥미가 없었다. 솔직히 말하면 '진짜 싫은' 쪽에 가까웠다. 아버지는 우리 형제를 종종 근처 야구장에 데리고 가서 배트로 공을 쳐주시면서 수비 놀이를 해주시고 캐치볼을 하면서 놀아주셨지만 나에게는 고통이었다. 학교 야구 대회에 참가하는 날 아침에는 정말로 열이 났을 정도로 싫었다.

2차성징

내 몸을 받아들일 수 없게 되다

나에게 2차성징은 정말이지 생각지도 못한 형태로 찾아왔다. 중학교 1학년이었을 때, 어느 날 가슴이 좀 이상하다고 느꼈다. 손으로 만져보니 응어리 같은 게 잡히고 옷에 닿는 유두 쪽에 통증이 느껴졌다. 어머니께 그 증상을 말씀드리자 자주 가던 병원의 의사 선생님에게 가보자고 하셨다. 어릴 적부터 항상 봐왔던 의사 선생님의 진단은 '2차성징이 시작되었다'는 것이었다.

내게 나타난 증상은 사춘기 시절에 호르몬 분비가 본격적으로 진행되면서 나타나는 전조로서 남성에게도 나타날 수 있는 것이기에, 여성호르몬이 많아진다고 특별히 이상한 것은 아니라고 했다. 곧 남성호르몬이 나오면 자동적으로 나으니 걱정할 필요 없다는 설명이었다.

나는 여성호르몬이 나오고 있다는 사실이 왠지 모르게 기뻤다. 같은 반 여자아이들처럼 내 가슴도 부풀어 오르기를 남모르게 기대했다. 의사 선생님은 남성호르몬이 곧 나오게 될 거라고 말씀하셨지만, 그래도 혹시 나한테서는 안 나오지 않을까 하고 아무런 근거도 없이 기대했다. 그러나 희미한 기대는 얼마 가지 않아 깔끔하게 배신당하고 말았다.

몇 주 지나 이마에 툭 하고 여드름이 나오더니 얼굴에 점점 기름이 많아지고 '피부 정말 곱다'라는 칭찬을 들었던 얼굴에 계속해서 여드름이 났다. 피부가 더러워지는 것이 무서워서 여드름에 잘 듣는다는 비누와 약, 입욕제를 사 모았다. 눈썹은 점점 짙어지고 얼굴 모양도 변했다⋯⋯. 주변 남자아이들에게 나타나는 변화가 내게도 나타나기 시작한 것을 알게 되면서 마음속은 혐오감과 초조함으로 가득 찼다.

특히 조금씩 낮아지는 목소리는 정말 참을 수 없었다. 그래서 변성기가 오기 전부터 좋아했던 노래를 같은 키로 부르기 위해 집에서 남몰래 연습했다. 서서히 눈에 띄기 시작하는 목울대도 용서할 수 없는 것 중 하나였는데, 나는 누구도 이러한 변화를 눈치채지 못하도록 거울 앞에서 어떤 각도로 있어야 눈에 띄지 않을지 계속 '연구'했다. 여러 가지를 시험해보고 나서야 가장 눈에 띄지 않는 방법이 머리를 약간 숙인 자세라는 것을 알 수 있었다. 그래서 늘 약간 숙인 자세로 다니는 것이 습관이 되었고, 턱을 괴거나 손을 목 근처에 가져가는 것도 버릇이 되었다.

수염도 서서히 짙어졌다. 엷게 난 수염조차 가족에게 보이고 싶지 않아 매일 아침 아버지의 전기면도기를 몰래 방으로 가져와 면도했다. 가까이 있으면 수염이나 피부의 변화가 눈에 띌 것 같아서 사람들과 눈을 마주치고 말하는 것도 고통스럽게 느껴졌다.

몸이 근육질로 변하고 팔과 다리에 털이 나고 근육이 잡히면서, 사람들 앞에서 손을 드러내는 것도 참을 수 없게 되었다. 손에 혈관이 불거지는 것을 보이는 게 너무나 싫었기 때문에 책상 위에 손을 올리는 것조차 할 수 없게 되었다.

이성으로는 냉정하게 이해하고 있었다. 나는 남자의 몸을 가지고 있고, 이러한 변화는 남자로서 건강한 변화이며 이상한 것은 아무것도 없다는 것을……. 그렇게 머리로는 확실히 이해하고 있었지만 내 마음속은 혐오감으로 가득 찼다. 왜 나는 내 몸을 받아들일 수 없는 걸까? 그 이유를 정말 알 수 없었다. 내 몸을 거울에 비추어보아도 왠지 타인의 몸을 바라보는 것 같은 괴리감을 지울 수 없었다. 그것이 내 몸이라는 사실이 괴롭고 슬펐다.

학교에서는 특히 체육시간이 힘들었다. 옷을 갈아입는 것부터가 고통이었다. 신체 노출이 많은 체조복도 싫어서 여름에도 될 수 있는 한 트레이너를 착용하고 버텼다. 해수욕 수영복한 장만 달랑 입어야 하는 수영시간은 내게 고문이나 마찬가지였다. 그에 더해 최악의 종지부를 찍은 것은 스모 연습 시간이었다. 교정의 모래밭에서 상반신을 탈의하고 허리에는 샅바를 묶어야만 했다. 그런 모습이 되는 것도 최악이었지만, 빼빼 말랐던 나는 간단히 내던져지기 일쑤였다. 비참하게 구르는 나의 시선이 머무는 곳에는 늘 여자아이들이 우아하게 리듬체조를 하고 있었다. "이제 정말 못 견디겠어. 왜 나는 항상 '이쪽'인 거지?"라고 생각하면 눈물이 나올 것 같았다.

같은 시기에 많은 동급생 친구들이 2차성징을 맞이하고 있었고, 다들 다소 당혹스러워하면서도 잘 받아들이고 있는 것처럼 보였다. 나처럼 강렬하게 위화감을 느끼는 사람은 아무도 없는 것 같았다. '나 자신의 몸을 받아들이지 못하는 나는 이상한 놈이다……. 나는 대체 뭘까?'라는 생각이 들었고 누구에게도 상담할 수 없었다. 소외감과 고립감이 점점 깊어만 갔다.

첫사랑

2차성징과 함께 나를 혼란스럽게 하고 고민하게 만든 것은 '사랑'이었다. 나는 중학교 1학년 때 첫사랑을 경험했다. 내가 좋아했던 아이는 같은 반의 남자아이였다. 다른 남자애들보다 눈에 띄게 키가 크고 어른스러운 몸에, 피부가 하얗고 길게 찢어진 눈을 가진 핸섬한 아이였다. 체육시간 전에 옷을 갈아입을 때 그 친구가 옷을 갈아입는 모습이 눈에 들어오면 왠지 쑥스러웠다. 쉬는 시간이면 나도 모르게 눈으로 그 아이를 좇고 있었고, 문득 그걸 알아차리는 순간 깜짝 놀라곤 했다. 때때로 그 아이와 눈이 마주칠 때면 그 순간 가슴이 먹먹해졌다.

"왜 이런 기분이 드는 걸까?" 집에 돌아와서 어두운 벽장 안으로 들어가 이불에 기대어 생각했다. '사랑'이라는 말이 떠오른 순간 나 자신에게 놀랐다. 나는 남자인데, 남자아이를 좋아하다니? …… 얼굴의 핏기가 가시는 듯한 느낌이었다.

그다음으로 떠오른 단어는 '호모'라는 말이었다. 초등학교 때부터 남자들끼리 너무 딱 붙어서 놀고 있으면 주변에서는 '호모'라고 놀렸다. '호모'라는 말에는 거의 대부분 '변태' 또는 '징그럽다'라는 형용사가 따라붙었고 모멸적인 의미가 담겨 있었다. 동네에는 한쪽 벽면에 '호모 우유'(균질화 우유)라고 광고

문구를 써 넣은 우유 가게가 있었는데, 그 글자를 볼 때마다 못 견딜 것 같은 기분이 들었다. 내가 그 '호모'가 된다는 것은 공포 그 자체였다. 나 자신이 사회의 이단이 될까 봐 마음속 깊이 두려웠다. 나 또한 사회의 편견을 접하며 자랐기 때문에, 그 당시만 해도 동성끼리 사귀는 것은 '이상한 짓'이라는 생각이 있었다. 그렇기에 첫사랑에 눈을 떴을 때에도 내 감정을 받아들이기 어려웠다. 나는 '호모'인 걸까? 그런 생각이 마음속에 떠오를 때마다 지워버리려고 애를 썼다. 그러면서도 한편으로는 '시간이 지난다 해도 아마 이런 생각은 바뀌지 않겠지'라는 차가운 예감이 마음 한구석에서 들었다.

중학생만 되어도 연애는 중대한 관심 사항이다. 친구들은 나에게 "어떤 여자애 좋아하냐?" 하고 가볍게 물어보곤 했는데, 거기에 대고 '남자아이를 좋아한다' 같은 이야기는 절대로 꺼낼 수 없었다. 친구들은 내가 남자라는 것을 전제하고 있었기 때문에 당연히 여자아이를 좋아할 거라고 생각했다. 결국 나는 거짓말을 할 수밖에 없었다. 남성에게만 끌린다는 사실을 그 누구에게도 말해서는 안 된다고 생각했다. 무엇보다 마음이 끌리는 사람에게 '징그럽다'라고 거절당하기라도 한다면 스스로 더욱 비참해지고 마는 것이다. 누구에게도 이 사랑을 들켜서는 안 된다고 되새겨 다짐했다.

나는 지금까지 마음을 애태우며 좋아했던 상대에게조차 '좋아한다'는 말을 해본 적이 없다. 첫사랑 이후, 나는 다른 사람에게 사랑받을 가치가 없는 인간이라는 생각이 들었고, '나와 사귀게 되면 그 남자는 결국 행복해질 수 없다'고 생각하게 되었다. 내가 좋아하는 남자가 끌리는 대상은 늘 여자였고, 나는 남자의 몸을 가지고 있었기 때문이다. 그들이 원하는 것과 나자신은 본질적으로 서로 맞아떨어질 수가 없었다. 내가 그 사람의 파트너가 된다면 그 사람은 주변 사람들의 축복을 받지못할 게 뻔했다. 나 하나 때문에 내가 좋아하는 사람이 문제에휘말리는 것은 싫었다.

고독함과 죄책감 사이에서

나는 거짓말쟁이

자아에 눈뜨고 성에 눈뜨는 사춘기 시절에 나는 나 자신이 정말로 싫었다. 자신의 몸을 받아들이지 못하는 것, 남성에게 마음이 끌리는 것……. 이런 솔직한 기분들을 터놓고 말할 수 있는 상대는 그 어디에도 없었다. 스스로를 지키기 위해 거짓말할 수밖에 없는 순간들도 많았다. 한 번 거짓말할 때마다 같은 거짓말을 계속하지 않고서는 앞뒤가 맞지 않게 되기 때문에, 계속 거짓말할 수밖에 없었다. 이렇게 거짓말로 온통 도배하지 않으면 '평범한 여느 남자'로 살 수 없었던 나는 '이런 질문을 받으면 이렇게 답해야지'라는 식의 예상 문답집이 늘 머릿속에 가득 차 있었다. 가족들 앞에서도, 친구들 앞에서도 여자아이를 좋아하는 평범한 남자아이를 연기하며 지냈다. 결코 친구가 적은 것이 아닌데도 마음속에서는 깊은 고독감이 짙어만 갔다.

'나는 모두에게 거짓말이나 하는 진실하지 못한 인간이다', '진짜 나를 아는 사람은 이 세상에 하나도 없다'. 그런 생각이 머릿속에서 떠나지 않았다. '앞으로도 쭉 거짓말을 하면서 살아야 하나……' 그렇게 생각하니 견딜 수가 없었다. 고민을 털어놓는다 해도 그 누구에게도 이해받을 수 없을 것 같다는 생각이 들어 정말로 괴로웠다.

나는 종종 "엄마는 행복해?", "사람은 왜 사는 거야? 내가 죽어도 슬퍼해줄 사람이 없다면 없어져도 될 텐데" 같은 말을 했다. 그래도 고민의 핵심은 절대로 입 밖에 낼 수 없었다. 그때마다 어머니는 '얘가 이상한 소리를 하네……'라고 생각하셨다고 한다. 부모, 형제, 학교 친구들……. 정말로 소중한 사람들이었기 때문에 나의 진짜 모습을 알아주었으면 했다. 하지만 소중한 사람이기에 더욱 말할 수 없었다. 만약 가장 소중한 사람에게 부정당하기라도 한다면 내가 있을 곳은 어디에도 없게 된다. 그것이 마음 깊은 곳에서부터 두려웠다.

나도 나를 알 수 없었다. 괴로워서 견딜 수 없는데도 내가 접할 수 있는 정보에는 한계가 있었다. '남자로 태어나서 남자에게 끌리는 난 동성애자인 걸까?'라고 생각해서 사전에서 '동성애'를 찾아보면 '이상 성욕, 성적 도착'이라고 쓰여 있었다.

지금은 생각조차 하기 어려운 정의이지만 당시 나에게는 엄청난 충격이었다. 정보를 찾아도 긍정적인 내용은 하나도 찾아볼 수 없었고 절망적인 기분만 들었다. "나는 누구인가?"라는 질문에 대한 힌트는 학교교육에서도, 사회생활에서도 전혀 얻을 수 없었다.

남학교에 진학하다

일본 전체가 학교 폭력 문제로 들썩였던 그 시절, 중학생이었던 나는 철저한 관리교육을 받았다. 나는 학교가 싫었고 그런 마음을 반영한 듯 내신 성적표는 어느 하나 좋은 것이 없었다. 다행히 학력테스트 성적은 좋아서 내신 성적표보다 입학시험의 성적 비중이 당락을 결정하는 사립학교를 지망하게 되었다. '수험 전쟁'의 시대 한가운데에서 주위의 추천도 있고 해서, 나는 대학 입시에서 비교적 자유로운 대학교 부속학교를 골라 지원했다. 몇 군데 합격한 곳 중에서 한 사립 남학교에 입학하게 되었는데, 남학교에 대한 불안감은 있었지만 어쨌든 수험이 끝났다는 사실만으로도 기뻤다.

고등학교 진학 후 먼 도심을 한 시간 이상 걸려 횡단하는 긴 통학이 시작되었다. 내가 간 곳은 1학년이 총 16개 반이고, 전

학년이 2400명인 규모가 큰 학교였다. 남학교였기 때문에 어디를 보아도 남자, 남자, 남자뿐이었다. 중학생 시절, 2차성징에 대한 거부감과 괴로운 사랑에 눈 뜨는 경험을 하고, 남녀가 철저히 나뉘어 공부하는 그 분위기 속에서 나는 과도할 정도로 성별을 의식하게 되었다. 그리고 본래 내게는 없는 '남성성'을 떠맡을 수밖에 없었다.

고등학교의 교훈은 '자유와 진보'였다. 실제로 놀라울 정도로 자유로운 분위기에 가득 차 있었고, 남학교였던 만큼 '남자와 여자의 차이'를 일상적으로 신경 쓸 필요가 없는 환경이었다. 입학 초기에는 그저 뭐든지 신기하기만 했다.

"진짜 예쁘다!"

학교생활에서 생각지도 못한 변화가 찾아온 것은 고등학교 1학년 여름방학이 끝나고 난 직후였다. 반 친구들과의 중심 대화거리는 여름방학 동안 어디에 갔었나 하는 것과 어떤 아르바이트를 했나 하는 것이었다. "너도 알바했어?"라는 친구의 물음에 나는 아무 생각 없이 "비밀이야!"라고 답했다. "너, 여장한 남자 나오는 곳 같은 데서 일한 거 아냐?" 그 자리에서 반 친구 중 하나가 나를 놀렸지만, 나는 그 말에 또다시 "비밀이

야!"라고 답했다. 고등학교 1학년인 내가 심야에, 그것도 술이 나오는 곳에서 아르바이트를 할 수 있을 리가 없었다. 그러나 그날 이후 어째서인지 내가 오카마おかま* 역할로 일했다는 소문이 삽시간에 퍼졌고 소문을 들은 다른 학년의 학생들은 쉬는 시간마다 내 얼굴을 보려고 찾아왔다.

중학교 시절과 마찬가지로 '여자에게 끌리는 남자'를 계속 가장하려고 했지만 어딘가 여성적인 나에 대한 소문은 눈 깜짝할 새에, 그것도 예상하지 못한 형태로 퍼져나갔다. 그것은 바로 '진짜 예쁘다'라는 소문이었다. 외양상 남성스러움을 없애기 위해 무진 애를 쓴 '성과(?)'였는지 그런 식으로 긍정적인 평을 하는 학생들이 많았다. "너 오카마 역할을 했다는 게 진짜야?", "너 남자 좋아해?" 그렇게 물어올 때마다 "야, 그럴 리가 있냐"라며 부정했지만 완전히 '그런 쪽 녀석'이라는 인식이 정착되어버렸다. 뭐라 항변하든 이미 굳어진 이미지는 쉽게 변하지 않았다.

결국에는 역에서부터 이어진 통학로에서도, 학교의 복도와 식당에서도 '미우링みうりん'**이라는 별명으로 불리게 되었다.

---

* 오카마는 여장을 하고 여성스러운 행동을 하는 남자를 말한다. _옮긴이
** 저자의 원래 성 '미우라(三浦)'와 '몸을 팔다'라는 뜻의 '미우리(みうり)'에서 파생된 별명으로 보인다. _옮긴이

비약적으로 친구들이 늘어났고 말할 상대도 너무 많아져서 상대방 이름을 외우는 것조차 힘들어졌다. 특이한 학생으로 알려져서 아마도 전교 학생들이 나의 얼굴과 별명을 알고 있었다고 생각한다.

그래도 내게 다행이었던 것은 '특이하다는 것'이 배제로 이어지지 않았다는 점이었다. 내가 좀 여리여리하고 여자 같아도 "원래 그런 애잖아"라는 식으로 공인되어버리니 의외로 지내기 편했다. 뜻하지 않은 행운의 전개였다. 무리해서 남자다운 척을 할 필요가 없었기 때문에, 고등학교는 오히려 생각지도 못하게 남자라는 가면을 내려놓을 수 있는 장소가 되었다.

여자가 없는 남자뿐인 공간에서 나는 종종 남학생들의 연애 상대가 되기도 했다. 교문에서 날 기다리고 있다가 "사귀자"라고 이야기하는 남학생도 있었고, 학교 식당에서 밥을 먹다가 문득 주의를 의식해 살폈을 때, 내 앞에 앉은 남학생 얼굴이 새빨개져 있는 걸 발견하기도 했다. 옆자리 친구가 긴장해서 굳어버린 당사자를 대신해 말했다. "이 자식, 미우링 너 좋아한단다. 좀 잘 봐줘." 또 한 번은 학교에서 다른 반 학생이 잠깐 기다리라고 하며 멈춰 세운 뒤, "난 남자고 넌 여자야, 알겠어?"라고 다짜고짜 말하고, 계단을 두 계단씩 뛰어 올라가는 것을 보고 어안이 벙벙해진 적도 있었다.

"미우링, 너 남자 좋아해?" 내게 그런 질문을 하는 사람은 많았지만 그것을 긍정할 수는 없었다. "에이 그럴 리가 없잖아" 하고 부드럽게 말하는 것이 나의 대답 방식이었다. 역시 내가 남자에게 끌린다는 사실을 계속 숨겨야만 한다고 생각했다. 겉모습이 중성적이어서 주변에서 괜히 신나 이런저런 이야기를 하는 것일 뿐, '결국에는 여느 애들과 다를 바 없는 평범한 아이'라는 도망갈 구석을 남겨놓고 싶었다. 나를 완전히 드러내는 일에 두려움을 느끼는 자세는 여전히 변함이 없었다. 그래도 중학교 시절보다는 자유로운 나날이었다. 남자다움을 과도하게 꾸며낼 필요도 없었고, 많은 친구들에게 둘러싸인 생활이 그런대로 재밌기도 했다.

첫 교제

고등학교 3학년 때 처음으로 누군가를 사귀어보았다. 상대는 털털하고 장난기가 많은, 매우 밝은 성격을 가진 반의 분위기 메이커인 친구였다. 서로 처음 알게 된 것은 고등학교 2학년 때로, 뜻밖에도 학교 가는 길에 그 아이가 혀를 내밀어 내 얼굴을 '핥았던 것'이 계기가 되었다. "야 미우링!" 뒤에서 들려오는 큰 목소리에 고개를 돌려 보니 처음 보는 학생이 나를 향해 돌진해오는 것이었다. 나는 가만히 서 있었는데 그 학생은 달려오던 기세로 내 얼굴을 살짝 훑고는 그대로 스쳐 달려갔다. 신기하게도 기분이 별로 나쁘지 않았고 나도 모르게 웃음이 나왔다. 잊을 수 없는 충격적인 만남. 그 일을 계기로 나는 그 아이와 이야기하는 일이 많아졌다.

털털하고 장난기 어린 그 아이의 페이스에 말려들기도 했고 집이 가깝기도 해서 언젠가부터 우린 함께 통학하게 되었다. 학교에서 돌아오는 길에 몇 번인가 들렀던 그 아이의 방에서 첫 키스를 나누었다. "입술이 이렇게 부드러운 거였구나……" 하고 생각했다. "어떡하지…… 정말로 좋아하게 될 것 같아." 그 아이의 눈은 진지했고 점점 사랑에 빠져드는 것이 느껴졌다. 그 아이는 항상 나에게 먼저 말을 걸어왔고 마음의 문에 노크를 해주었다. 언제나 밝게, 나를 즐겁게 해주려고 했다.

첫사랑으로부터 5년. 나도 그에게 조금씩 끌리기는 했지만 여전히 내가 느끼는 '사랑의 감정'을 받아들이기는 어려웠다. 그래도 그 아이의 열의를 접하면서 처음으로 '사랑이라는 것에 좀 더 솔직해져도 되지 않을까……' 하고 생각했다. 사귀기로 한 후, 그 아이가 몇 번이고 되풀이하는 "정말 좋아해"라는 말이 촉매가 되어 나도 "좋아해"라고 한마디 해줄 수 있었다. 그 순간 그 아이가 보여주었던 그 기쁜 얼굴을 나는 지금도 기억하고 있다.

학교에서 우리는 같은 반의 친한 친구인 척을 할 수밖에 없었다. 그 아이와 나는 항상 같이 있었고 그 아이가 나에게 빠져 있다는 건 옆에서 봐도 한눈에 알아차릴 수 있었지만, 친구들 중에서 우리를 몰아세우는 사람은 단 한 명도 없었다. 그 아이는 언제나 나를 여자로 대했다. 남학생 교복을 입고 있는 내 안의 '여자아이'를 보아준 것이라고 생각한다. 바로 그 점에서 무언가 딱 맞는 것을 느끼고는 "내가 바라는 것과 그 아이가 바라는 것이 일치하다니……" 하고 처음으로 누군가를 사귄다는 것에 대한 신선한 놀라움을 만끽했다.

그러나 그의 손이 처음으로 내 몸에 닿았던 그날 밤, 나는 "내가 여자였으면 좋겠어" 하고 울음을 터트리고 말았다. 내 몸이 '남자'라는 것은 엄연한 사실이었다. 그 딜레마는 매우 컸다. 결코 입 밖에 꺼내지는 않았지만 두 사람 모두 "이게 바로 동성애인가?"라는 갈등을 가지고 있었다고 생각한다. 그와 사귀기 시작한 다음 해(1987년) 1월에, "일본 최초의 에이즈 환자 확인"이라는 보도가 나왔고 소위 말하는 '에이즈 패닉'이 일었다. 에이즈가 동성애자들 사이에서 많이 발생한다는 보도가 계속되는 가운데 TV 화면을 바라보는 우리 둘 사이에도 무거운 공기가 감돌았다.

절대로 이루어질 수 없는 사랑. 설령 그 결과를 알고 있다고
해도, 사람은 결국 다른 사람을 좋아하게 되고 만다. 사람이란
그런 존재이다. 언젠가는 끝이 난다. 그렇게 각오는 하고 있었
지만, 그 언젠가 찾아올 이별이 정말 두려웠다.

고백

고등학교 졸업이 다가오던 그해 봄, 그 아이와 헤어졌다. 그
아이에게 좋아하는 여자가 생겼기 때문이었다. 헤어지고 싶지
않다는 마음과 헤어져야만 한다는 이성의 목소리가 내 안에서
교차했다. 그가 행복해지려면 남자인 나와 사귀는 것보다 여
자아이와 사귀는 게 당연히 훨씬 좋을 것이다. 상대가 여자아
이라면 그 아이도 마음껏 좋아해줄 수 있다. 나는 '이제 그는
결혼도 하고, 아이도 가질 수 있게 되겠지. 주위의 축복을 받기
도 훨씬 쉬울 거야……'라고 생각했다.

결국 헤어지기로 이야기하고, 그렇게 처음으로 '누군가를 좋
아하는 것'을 스스로에게 허락했던 사랑이 끝이 났다. 그는 나
를 여자아이로 대해주었지만 '그래도 난 역시 남자구나'라는
사실을 차갑게 깨달아야만 했다. 진짜 여자에게는 당할 수 없
었다. 나 자신이 한심하고 불쌍해서 어떻게 해야 할지 몰랐다.

머리로는 납득이 되었지만 눈물이 멈추지 않았다.

왜 나는 남자만 좋아하게 되는 걸까?
왜 나는 내 몸이 이렇게 싫은 걸까?
왜 남자 취급을 받는 게 이렇게 고통스러울까?

혼자서 껴안고 있을 수 없게 된 마음을 나는 겨우겨우 어머니께 털어놓았다. 너무나 괴로웠기에 신음하듯이 한 마디 한 마디를 짜내었다. "나도 왜 그런지 모르겠는데…… 난 남자만 좋아할 수 있어." 갑작스러운 이 한마디에 어머니는 내 마음을 다 알고 계신 듯한 표정을 지으시고는 조용히 말씀하셨다. "왜 그럴까…… 별로 놀랍지 않네." 이 한마디가 내게는 의외였다.
어릴 적부터 나는 형, 동생과 어딘가 달랐다고 한다. 어머니께서는 막연하게 가지고 있었던 몇 가지 의문들이 내 고백에 의해 하나로 이어진 것 같다고 하셨다. "세상에는 그런 사람도 있는 거지", "다른 사람한테 피해 주는 거 아니면 나쁜 거 아니라고 생각한다." 어머니의 말은 무척 수용적이었다. 어머니의 그 말씀이 나에게 얼마나 큰 힘이 되었는지 모른다.
"그러고 보니 말이야……." 어머니는 나의 어린 시절 에피소드 하나를 이야기해주셨다. 어린이집에 다니던 시절, 나는 "나도 여자아이로 태어났으면 좋았을 텐데"라고 말하곤 했다고 한다. 이 말이 신기해서 어머니가 "왜 그렇게 생각하니?"라고 물어보면 나는 "아기를 낳을 수 있잖아"라고 답했다고 한다. 지금 생각해보면 내 마음 생김새의 핵심을 관통하는 말이다.

같은 시기에 나는 동갑 친구에게도 고백했다. 그는 태어날 때부터 신체의 색소가 없었다. 멜라닌 색소가 없어서 일부러 염색하지 않으면 머리카락도 피부도 모두 새하얀 색이었고, 눈동자도 푸른 기가 감도는 회색이었다. 어린 시절부터 그는 몇 주에 한 번씩 머리를 염색해서 원래의 머리카락 색을 숨기곤 했는데, 그는 그 나름의 방식대로 사회에 섞여 들어가 안전을 확보하는 선택을 한 것이었다. 그에게는 약시도 있었는데 시력 교정이 되지 않아, 중학교까지는 일반적인 학교를 다녔지만 고등학교부터는 맹학교를 다녀야 했다.

서로 알게 된 뒤부터 우리는 가장 친한 친구였다. 일반적인 사회의 시각에서 보면 둘 다 평범하지 않은 점들이 많아 처음부터 죽이 잘 맞았다. 사회가 사람을 바라보는 시선에 대한 생각과 감수성이 비슷했기 때문일 것이다. "오늘 할 말이 좀 있어." 그에게 고민을 말하려고 운을 띄웠지만 그 이상 말이 이어지지 않았다. 길게 침묵하다가 나는 눈물을 뚝뚝 흘리며 말을 꺼냈다. 같은 반 남자아이와 사귀고 있다가 헤어진 것, 아무리 해도 남자밖에 좋아할 수 없는 것, 내 몸이 정말 괴롭게 느껴지는 것, 그런 고민을 지금까지 누구에게도 말하지 않고 지내왔던 것 등등. "모든 사람에게 거짓말하고 있는 내가 싫다"라고 말하는 나에게, 그는 "해서는 안 되는 거짓말은 아니라고 생각해"라고 말했다. 나는 이 한마디에 그 후로 정말 오랫동안 큰 힘을 얻을 수 있었다.

30대에 들어서서 여성으로 살게 된 후, 언젠가 그가 이런 과거의 일을 말해주었다. 처음 그에게 상담했을 때, 그가 "그렇다는 건 네 마음이 여자라는 얘기야?"라고 물었는데, 그때 내가 "응, 아마도 그렇다고 생각해"라고 답했다고 한다. 이미 그때 내 입으로 '마음의 성'을 이야기하고 있었다니. 나는 '마음의 성'을 깨닫고 신체와 구분해서 생각하게 된 것이, 나와 같은 고민을 가진 사람들을 만나게 된 27세 때라고 생각하고 있었다. "무지하게 돌아왔네." 맥이 빠지는 느낌이었다.

스스로의 성에 대해 깊이 이해할 수 있는 기회를 거의 주지 않는 학교라는 제도와 사회 안에서 자기 자신을 발견하는 것이 얼마나 어려운 일인지를 다시금 깨닫게 되었다. 정말이지 '나는 누구인가?'라는 본연의 모습을 찾기 위한 노력은 그 후 10년이 넘도록 계속되었다.

샐러리맨 시절

소규모 공익법인에서 일하며

고등학교를 졸업한 후, 나는 호세이 대학 경영학부에 진학
했다. 대학 생활 4년을 돌이켜보았을 때 유일하게 즐거웠던 것
은 교수 지도로 이루어진 공동 연구시간 '세미나'였다. 2학년
을 마친 시점에 듣기 시작한 교통경제학 세미나는 나에게 정말
안성맞춤인 선택이었다. 거기서 만난 선배와 동기들, 후배들
과 마음도 아주 잘 맞았고 학문 자체도 흥미로웠다. 그렇지만
나의 성에 대한 고민만큼은 대학 생활 4년간 결국 누구에게도
말할 수 없었다. 사회인이 되기 전에 남학교에서 받았던 '특별
대우'를 졸업할 필요가 있다고 생각했기 때문이다.

대학교를 졸업하고 샐러리맨으로 5년 3개월간 일했다. 취직
한 곳은 도쿄 도내에 있는 한 공익법인이었다. 에너지에 대한
조사와 홍보가 주 업무였다. 버블 경제의 절정기였기에 대다

수 동기들은 '이왕이면 커다란 나무 그늘에 들어가는 게 편하다'고 말하며 이름이 알려진 대기업에 거의 빠짐없이 취직했다. 그중에서 내가 소박한 공익법인을 고른 데에는, 시대를 이끌고 있던 대표 산업들이 차례차례 사양산업이 되어가는 현실을 대학교 강의에서 배웠던 영향이 컸다. 시류를 그저 흘러가듯 따라가는 일은 하지 말자고 다짐했었다.

나는 동기들이 일찍이 취업 확정을 받고 마지막 여름방학을 즐기고 있던 시점에 취업 정보를 찾았고, 여름의 끝자락에서야 작은 공익법인에 취업하기로 결정했다. 그 단체의 사무소는 도쿄뿐이었기 때문에 전근의 가능성도 거의 없었다. 경기에 좌우되지 않는 회사였고 영업 할당도 없었다. 남자로서 사회에 진출해 사회 구성원이 된다는 것을 생각하면 무거운 기분도 들었지만, 직무 내용에서 의의를 찾고 몰두할 만한 취미를 발견한다면, 그런대로 살 만하지 않을까 하는 기대감도 있었다. 그러나 달콤한 환상이 완전히 산산조각 나는 데에는 긴 시간이 걸리지 않았다.

규모가 작았던 직장에는 사람을 키워내는 시스템이 없었다. 그나마 몇 명 있었던 낮은 연차의 선배들은 한눈에 봐도 모두 매우 지쳐 있었다. 그 사람들에게는 새로 들어온 신입사원을 돌보아줄 여유가 없었기 때문에, 나는 관리해주는 사람 없이 오랜 기간 방치되어야 했다. 한편으로는 일이 계속 쏟아져 들어왔다. 에너지 분야에 관한 지식도 없고, 홍보 매체를 제작하는 스킬도 없고, 영어도 거의 못하는 신입 직원인 내가 무슨 영문인지 영어 매체의 담당자가 되었다. 대담하다고 해야 할까, 가히 난폭한 수준이었다. 솔직히 어디서부터 손을 대야 할지 몰라, 내 나름대로 일의 조합을 생각하면서 업무를 해나갔다. 그렇게 나는 고독한 시행착오를 강요당할 수밖에 없었다.

남자들끼리의 어울림

입사한 지 얼마 되지 않았을 때 점심 식사를 하다가 직장 선배가 갑자기 "너 동정이냐?"라고 물었다. 성경험이 '있다'고 대답하면 "몇 살 때 해봤어?", "상대방은 누구였어?" 하며 매우 재미있다는 듯 물어올 것이 눈에 훤했다. "그런 건 대답하고 싶지 않습니다"라고 받아쳤지만, 그에게는 그게 반항적으로 보였던 것인지 쉽게 납득해주지 않았다. 선배는 그 자리에서 "왜 대답할 수 없다는 거야" 하고 따져들었고 나중에 술자리에서도 "얘한테도 성경험 있나 물어보자" 하면서 다시 그 말을 꺼냈다. 그때마다 분위기가 험악해지는데도 모두 입을 다물고 가만히 있기만 할 뿐 도와주는 사람은 없었다. 나는 "나이를 이만큼 먹었는데 경험이 없을 리가 없잖습니까" 하는 식으로 그때그때 적당히 때워 넘겼다. 그러나 며칠 후 그 경험담이 또다시 술안주 거리가 되었다. "남한테 그런 걸 무리하게 물어보고 재밌어 죽겠다는 듯 이야기하는 건 좀 너무한 것 같은데요"라고 내가 항변하자, 선배는 "내가 뭘 했다고 그래" 하면서 오히려 큰 소리를 쳤다.

이 일은 나와 그 선배 사이에 앙금을 남겼고 그것을 계기로 나는 그 남자 직원들 그룹에서 제외될 수밖에 없었다. 일을 주면서도 "어차피 못할 거 아는데 한번 시켜보는 거야"라고 하던, 그 선배의 사람을 바보 취급하는 듯한 말에 반발해서 일로 보란 듯이 갚아주겠다고 생각한 나는, 상사와 선배들이 타진해오는 일을 전부 떠맡게 되었다. 남들보다 배로 신경 써가면서 일에 임하고, 그것이 좋은 평가를 받으면 또 새로운 일을 맡게 되었다.

필사적으로 일을 해나가면서 그 선배의 보좌역으로 지명되는 경우가 잦아졌고 담당하는 일도 점점 늘었다. 그러면서 주위 사람한테 맞추는 기술을 익히게 되었고 그 덕택에 인간관계가 원만해졌다. 그때 '남자들끼리 어울리는 것'도 인간관계를 지키기 위해서 필요하다는 것을 배웠다.

함께 일하게 되면서 선배와의 교류도 깊어졌다. "미팅에 가미카와도 참석시키겠습니다"라는 선배의 한마디에, 사무실에서 나와 대낮부터 스트립바에 함께 가는 일도 있었다. 화려한 불빛으로 한껏 신경을 쓴 스트립쇼는 생각한 것보다 아름다웠지만, 가면을 쓴 채 무대를 바라보는 남자들의 모습은 어딘가 코미디처럼 느껴졌고 솔직히 환멸도 느껴졌다.

야밤의 접대에서는 술집 여성들이 안겨오는 것을 받아주며 기쁜 척 얼굴을 지어 보이기도 했다. "여자를 좋아하면 좋아할수록 일도 잘한다"라고 당장이라도 말할 것 같은 남자들만의 분위기 속에서, 여자에게 흥미가 없다 같은 말은 도저히 할 수가 없었다. 그런 말을 하면 바보 취급을 당하고 낙오자 취급을 당할 게 뻔했다. 이성에게 끌리지 않는 내 모습을 들키는 순간 직장의 주류에서 탈락하게 될까 봐 두려워 최소한 '여자를 좋아하는 남자'인 척 연기했다.

그러면서도 매일 막차 시간 직전까지 일하는 날들이 이어졌다. 직장의 자물쇠를 맨 마지막에 채우고 가는 경우도 가장 많았다. 심야에 집에 가서도 일했고, 휴일 출근을 하는 경우도 많았다. 가끔 친구들과 놀러갈 때도 일의 순서와 정리가 머리에서 떠나지 않았다. 지금 생각하면 완전히 일 중독자였다. 집에는 자러만 가는 나날. 가족들과도 얼굴을 맞대는 일이 거의 없었고 가끔 만나면 "오랜만이네"라는 소리를 들을 정도였다.

건강악화

팸플릿 제작, 신문광고, 여론조사, 견학회 및 연구회의 기획 등 닥치는 대로 다 도맡아 해치웠다. 나아가 국제회의에 출석하거나 유명 학자와 교류하는 등 여러 대외적인 일도 했다. 나는 당시 작은 조직의 직급이 낮은 젊은 직원일 뿐이었지만, 내 일에 나름대로 보람을 느끼고 있었다. 그러나 한편으로는 스스로의 건강을 고민하는 지경에 이르게 되었다. 샐러리맨 생활을 했던 5년 동안, 얼마나 많은 의사를 찾아다녔는지 모른다. 피부과, 순환기과, 소화기내과 등등 직장 동료에게 숨기고 계속해서 여러 명의 의사에게 진찰을 받았다.

처음에 나타난 증상은 다한증이었다. 30분마다 양말을 갈아 신지 않으면 불쾌할 정도로 땀이 많이 나서 몰래 화장실에서 양말을 갈아 신어야 했다. 또 손의 습기 때문에 만지는 종이마다 우굴쭈굴해져서 매번 비누로 씻는 게 일이었다.

조금 더 시간이 지나서는 아침에 나갈 준비를 하다가 머리에 동그랗게 빠진 자국을 발견하기도 했다. 원형탈모증이었다. 머리가 빠진 부분을 신중하게 감추기 위해 매일 아침 신경 써야 했다. 또 십이지장궤양이 생기면서 서 있을 수 없을 정도로 아팠지만 다른 사람 앞에서는 조금도 내색하지 않았다. 혼자가 되었을 때만 책상 위에 엎드려 버텼다. 미각 장애에 빠졌을 때는 원래 잘 못 먹던 매운 음식이 괜히 먹고 싶어지기도 했다. 그러나 먹고 싶어서 먹으면 이번에는 음식 맛을 느낄 수가 없었다. 정말 이상한 기분이었다.

그뿐만 아니라 막차 시간이 가까워진 만원 열차 안에서 심장이 퉁퉁 하고 울리는 듯한 이상 징후를 느끼기도 했다. 검사 결과는 부정맥이었다. 그 원인은 끝내 알 수 없었다. 또 몸 전체의 발진이 멎질 않아 피부과에 가서 진드기, 옴, 두드러기를 차례차례 의심 징후로 살펴보았지만, 무엇이 문제인지 끝내 알 수 없었다. 의사 선생님은 여러 가지 약을 시험해보았지만 듣는 약은 하나도 없었다. 마지막에는 더 이상 약을 내줄 수 없다고 포기하기에 이르렀다.

지금 생각해보면 결국 스트레스 때문에 몸 상태가 악화된 것이다. 하지만 나는 정신과 상담이나 심리 치료를 받을 생각은 한 번도 하지 않았다. 사실 나는 일부러 내 마음을 들여다보려 하지 않았다. 내 마음을 응시하는 순간에 쑥 드러날 현실이 두려웠기 때문이다. 지금 생각해보면 당시의 나는 "저 녀석 일 좀 하네", "저 녀석 정말 대단해" 그런 평가를 얻는 것에서 존재 이유를 찾고 있었고, 일에 몰두하면서 성적인 고민에서 도망치려고 했던 것이다.

스스로에게 허락한 '마지막 사랑'

샐러리맨 생활을 한 지 4년 째 되던 해, 갑자기 다른 부서로 옮기게 되었다. 사내 공지가 뜨고 바로 그다음 주에, 애착을 가지고 있던 일에서 물러나 이동해야 했다. 결국 '조직의 부속품'에 불과하다는 사실을 다시금 깨닫게 된 것은 충격이었다.

새로 옮긴 부서에서 나는 실수를 연발했다. 분명 열심히 듣고 있었는데도 상사와 선배의 지시를 깔끔하게 이해할 수 없었다. 일에 집중할 수 없었고 피로도 풀리지 않았다. 완전히 늘어나버린 고무줄 같았다. 그런 상태에서 회복하는 데에만 반년 가까이 걸렸다.

겨우 정상의 컨디션을 회복할 때쯤 나는 한 남자를 알게 되었다. 그는 나와 같은 동네에서 직장을 다니는 신입사원이었다. 부끄러운 듯 웃는 얼굴이 인상적인 사람이었다. 자주 가는 가게에서 몇 번 마주치면서 말을 하게 된 후부터는 둘이서 한잔하러 가는 사이가 될 때까지 긴 시간이 걸리지 않았다. 그리고 그가 내 야근이 끝날 때까지 기다렸다가 함께 시간을 보내는 날들이 많아졌다. 자신의 첫 월급날에 장어 정식 코스를 한턱내겠다며 "오늘은 제가 사겠습니다"라고 눈을 반짝이며 말했던 그…… 커다란 몸에는 어울리지 않는 어딘가 응석 부리는 듯한 말투……. 그는 청년기 특유의 귀여움으로 가득 차 있었다.

그때 나는 사회생활 5년 차의 26세 샐러리맨이었다. 겉모습, 행동, 말투, 대화거리 등 뭐를 보아도 "뭐, 이런 남자도 주변에 한두 명쯤 있잖아" 하고 바로 설명이 되는 정도의 모습으로, 본래의 나에게는 없는 남성성을 위장해가며 어떻게든 하루하루를 보내고 있었다. 당시 나는 남자이더라도 '아름다운 사람'이고 싶다고 계속 바랐다.

그전까지는 일상의 노력으로 어딘가 중성적이고 소년 같은 느낌이 남아 있었지만, 26세가 되자 슬그머니 나이 든 티가 나기 시작했다. 앞머리 윤곽이 서서히 후퇴했고 이마가 점점 M자 형태로 변했다. 수염도 눈에 띄게 부쩍 짙어지고 몸의 털도 가느다란 직모에서 곱슬곱슬한 털로 변했다. '아저씨화'가 시작된 것이었다.

참을 수 없었다. 두려운 마음에 조심조심 몸의 변화를 확인하면서 절망적인 기분이 들었다. 한편 나를 바라보는 그의 눈에는 틀림없는 '사랑'이 깃들고 있었다. 이것이 마지막 사랑이 될지도 모른다고 생각하니 나 자신이 가엾게 느껴졌다. 고등학교 3학년 때의 실연 이래로 굳게 닫혀 있던 사랑에 대한 감정을 조금 풀자, 내 감정은 걷잡을 수 없이 커졌다.

그러나 여름이 끝나고 가을을 맞이할 때쯤 이 사랑은 끝이 났다. 우리의 마음은 서로에게 끌리고 있었지만, 결국 벽을 넘지는 못했다. 우리는 서로의 마음을 말로 확인하는 것조차 하지 못했다. 그 후 반년 정도 지나 그는 새로 사귀기 시작한 여성과의 사이에서 아이가 생겨 결혼을 했다. 나는 '남자 친구들'의 한 사람으로서 두 사람의 결혼을 축복했다. 무슨 짓을 하더라도 나는 그의 아이를 낳을 수 없다는 사실에 정말 어찌할 수 없을 정도로 낙담했다. 이런 경험을 두 번 다시 하고 싶지 않았다. "나는 도대체 어떤 존재일까……?" 결국 이 물음에 다시 돌아와 서게 되었다.

더 이상 속이면서 살 수는 없다

혼자 방에 있을 때면 왠지 모르게 눈물이 흘러나왔다. "나는 왜 울고 있는 걸까……." 이유를 알 수 없었고 당황스러웠다. 그저 내가 괴로워하고 있구나 하고 남의 일처럼 생각했다.

사춘기 이후 더욱 깊어진 내 몸에 대한 위화감, 아무리 애를 써봐도 남자만 좋아할 수 있는 내 마음……. 내 성의 존재 형태가 다른 사람과 다르다는 것을 눈치채면서도 애써 현실을 보지 않으려 했다. 스스로 있는 그대로 바라보는 것이 무서웠다. 하지만 "이대로 살면 절대 행복해질 수 없다"는 것만큼은 확실히 자각하고 있었다. 그래서 마음속을 똑바로 바라보자고 다짐했다.

나는 남자의 몸을 가지고 있다. 그리고 줄곧 내 연애 대상은 남자였다. 그럼 나는 '동성애자'인 걸까? 하는 의문이 쭉 마음 한구석에 남아 있었다. 그때 내가 처음으로 한 일은 신주쿠2번가에 간 것이었다. 그 거리에는 '게이 바'와 '트랜스젠더 바'가 있다는, 그런 막연한 지식만 가지고 있었다. 당시 나는 '동성애자'라는 사람들을 실제로 만나본 적이 없었다. 일단 밝을 때 가보자 하는 생각에 무작정 대낮에 신주쿠2번가에 갔다.

한산한 거리에서 길을 걷는 남자들에게 용기를 내 말을 걸었다. "친구가 되어주세요!" 반응은 처참했다. 모두 강한 경계심을 드러내며 빠른 걸음으로 자리를 떴다. 지금 생각해보면 낮에 거리를 걷고 있던 그 사람들은 대부분 근처에서 일하는 샐러리맨이었을 것이다. 그래도 나는 여전히 필사적이었다. 지금까지 부모님께도, 형제들에게도, 친구들에게도 말하지 못했던 내 본심을, 그리고 누구에게도 말하지 못했던 고민을 누군가가 들어주었으면 했다. 그리고 딱 한 마디뿐이어도 좋았다. "정말 그렇죠", "저도 알아요" 그런 말을 듣고 싶었다.

정처 없이 걷고 있던 중에 '모색사模索舍'라는 간판이 눈에 들어왔다. 낡은 문에 약간 신기하게 생긴 가게 모습에 이끌려 안으로 들어가 보니, 그곳은 소수자들을 위한 동인지와 독립 유통 출판물을 취급하는 서점이었다. 가게 한구석에는 '동성애' 코너가 있었고, 나는 그곳에서 '동성애자'들의 동인지인 ≪킥아웃≫을 살펴보다가 과월호에 '서클 특집호'가 있는 것을 발견했다. 서클에서라면 틀림없이 친구들을 만날 수 있을 거라고 생각해, 용기를 내어 그 가운데 소개된 하이킹 서클에 편지

를 보냈다. 하이킹이 왠지 건전한 취미로 보여서 조금 안심할
수 있지 않을까 하는 생각이 들었기 때문이다. 몇 주 후 하코
네 지역의 하이킹에 참가했다. 이제야 내 진실한 마음을 말할
수 있는 동료들을 만나게 된 걸까 하고 필사적으로 내 고민을
털어놓았다. 확실히 그 사람들은 내 이야기에 귀를 기울여 주
었다. 그러나 그들의 반응은 의외였다.

"내 몸이 싫다는 거, 남자로 취급받는 게 싫다는 말이에요?",
"남자가 남자를 좋아하는 게 뭐가 이상한가요?", "남자에게 사
랑받기 위해서 여자로 변할 필요는 없어요", "글쎄요, 잘 모르
겠네요."

나는 남자를 좋아하기 때문에 내 몸을 바꾸고 싶은 게 아니
었다. 내 몸에 위화감을 느끼고 있을 뿐이었다. 나도 남자가
남자를 좋아해도 상관없다고 생각하기에 그 사람들의 감정도
자연스러운 것이라고 납득할 수 있었다. "나는 동성애자인 걸
까?"라는 질문에서 시작된 시도는 결국 실패로 끝났고, 다시
출발점에 섰다. 서클에서 만난 사람들은 모두 남자의 몸을 가
지고 태어난 사람들이다. 그건 나도 마찬가지다. 그들의 연애
대상은 남자다. 그것 또한 나도 마찬가지다. 하지만 남성 동성
애자들은 자신의 남성 신체에 대해서도, 또 남자로 대우받는
것에 대해서도 아무런 위화감이 없다. 기본적으로 스스로를

남자로 받아들이고 있다. 그 점이 나와 결정적으로 달랐다.

　답을 찾을 수 없었다. 당혹스러움을 품고 내가 간 곳은 그래도 신주쿠2번가였다. 내 고민의 핵심은 성 문제에 뿌리를 두고 있었다. 그렇기에 답에 가장 가까운 곳도 역시 그곳이라는 생각이 들었다. 서점에서 게이 잡지의 페이지를 빠르게 넘기다가 한 기사에 시선이 빨려 들어가듯 고정되었다. "성전환을 알고 계십니까", "가지고 태어난 몸이 고통스러운 사람"이라고 쓰여 있었다. 이 문구를 본 순간 '이거다'라는 생각이 들었다. 그것은 '제1회 TS 스터디'의 공고였다.

3장

성별을 바꾸다

내가 있을 곳을 찾아서

샐러리맨일 때(왼쪽)와 '여성'으로서 일하기 시작할 즈음(오른쪽)의 사진

처음으로 동지를 만나다

'TS 스터디'의 'TS'는 '트랜스섹슈얼'의 약어로 쉽게 이야기하면 '성전환자'라는 뜻이다. 1995년 2월 12일, 아마도 일본 내에서 최초로 열렸다고 생각되는 성의 경계를 뛰어넘은 사람들의 학습 모임에서 나는 진정한 '동료'를 만났다. 그곳에는 나처럼 가지고 태어난 신체의 성별과 사회의 성별 역할에 위화감을 느끼는 사람들이 모여 있었다.

'세상은 남과 여 두 부류로 이루어져 있다'고 이 사회는 정의한다. 하지만 그 학습 모임에는 겉모습만 봐서는 결코 성별을 알 수 없는 사람, 과거에 자기가 되고 싶은 성별과는 반대의 모습으로 살았던 사람, 전형적인 남자나 여자로 보이는 사람 등 실로 다양한 사람들이 모여 있었다. 이날 만난 사람 중 몇 명은 지금까지도 나와 친구로 지낸다. 먼저 그 집회를 기획한 모리노 호노호 씨는 후에 트랜스젠더 · 성 동일성 장애의 자조 및 지원 그룹인 'TNJ'를 만들었다.

그리고 여자에서 남자로 변한 '성 동일성 장애인'이자 작가인 토라이 마사에虎井まさ衛 씨. 대학을 졸업한 후 홀로 미국에 건너가 성별적합수술을 받은 그는, 일본에서 일찍이 성전환자로서 발언을 시작한 선구자이다. 남성호르몬 투여 경력이 긴 토라이 씨는 딱 봐도 '남자 그 자체'로, 겉모습도 태도도 마초 같은 사람들의 중심에 있었다.

그 무렵 나는 아직 '남성에서 여성으로' 바뀐 사람만 염두에 두고 있었기 때문에 토라이 씨 역시 그런 줄로만 알고 있었다. "왜 무리해서 남성스러움을 가장하고 있는 걸까" 하고 생각하면서 이야기했기 때문에 당연히 이야기가 잘 맞지 않았다. 결국 토라이 씨가 내 오해를 눈치채고 말해주었다.

"저는 반대 경우예요."

응? 충격이었다. 그렇게 해서 겨우 '여자에서 남자로' 변하고 싶어 하는 사람들도 있다는 것을 알게 되었다. 수염을 깎은 자리가 파란 그 '남자'가 원래 '여자'였다는 사실이 믿어지지 않아서, 나도 모르게 말똥말똥 토라이 씨의 얼굴을 쳐다보다가 할 말을 잊었다.

나는 나대로 참가자 중 몇 명에게서 "무슨 타입이세요?" 하는 질문을 받았다. 당시 뭐라고 대답해야 할지 몰랐던 나는 "아직 잘 모르겠어요"라고 답했다. 그래도 나는 이날부터 나 자신이 어떤 사람인지 서서히 보게 되었다. 처음에는 '마음의 성'과 '몸의 성'을 나누는 개념이 있다는 것을 알게 되었다. 그리고 함께 고민을 공유할 수 있는 사람들과 만나 그들과 나 자신을 대비해보면서, 내 감성이 '여성'에 가까운 걸까 하고 생각해보았다. 그러자 지금까지의 모든 갈등이 정리되는 듯했다.

성별을 바꾸다

스스로에게 솔직하게 살고 싶다

동료들 중에는 자신의 몸 때문에 느끼는 위화감을 해소하기 위해 구체적인 걸음을 옮기는 사람들도 있었다. 그들이 쓰는 방법 중 하나가 호르몬요법이었다. 나는 겉모습이 크게 바뀌어가는 동료들을 보면서 '여성호르몬을 맞으면 어떤 모습으로 변하게 될까?' 하고 처음으로 구체적인 관심을 가지게 되었다.

호르몬요법이 어디까지 가능한 것인지, 몸에는 어떤 위험성이 있는지, 어디까지 변할 수 있는지 등 많은 것을 'TS스터디'에서 알게 된 친구들에게 물었다. 정보를 충분히 얻을 수 있었던 건 아니지만, 내 몸의 위화감은 정말 참을 수 없는 것이었기 때문에 그것을 완화해줄 호르몬요법을 꼭 받고 싶다는 마음이 날이 갈수록 강해졌다. 물론 주저하기도 했다. 그래도 지금까지의 삶의 방식을 계속 유지하는 것과 내 마음에 솔직한 새로운 길로 나아가는 것 중 골라야 한다면, 그리고 어느 쪽으로 가든 힘들고 괴로울 게 분명하다면, 스스로에게 솔직하게 사는 편을 고르겠다고 생각했다.

17살 때, '남자만 좋아할 수 있다'고 고백한 이후 10년 만에 어머니께 말씀드렸다. "내 마음의 성은 **여자일지도 몰라**" 오랜 망설임 끝에 고른 말이었지만 여전히 애매한 말이었다. 어머니께서는 이전의 고백을 기억하고 계셨고 "아직도 고민하고 있구나" 하고 애써 담담하게 받아들이셨다. 변함없이 수용적인 어머니의 말에 눈물이 멈추지 않았다. 이날부터 어머니는 나의 가장 가까운 상담가가 되었다. 어머니를 크게 마음고생하게 만들었지만, 당시 거기에까지 생각이 미칠 여유가 없었던 나는 모든 것을 어머니와 상담했다. 그 당시 나는 '여자가 되고 싶다'는 생각은 하지 않았고 그저 '나다운 것'에 좀 더 가까워지고 싶다고 바랐다. 지금의 상태는 어쨌든 뭔가 잘못되었다고 느꼈고, 그래서 뭐라도 하고 싶은 마음뿐이었다.

변해가는 몸

친구들이 알려준 신오쿠보에 있는 산부인과 병원에 갔다. 남성의 모습으로 혼자 산부인과에 들어가는 것은 꽤 용기를 필요로 하는 일이었다. 병원 앞을 몇 번이고 왔다 갔다 하다가 그래도 결심이 서지 않아 근처 공중전화로 전화를 걸었다. 머뭇거리며 "남성인데 여성호르몬 주사를 맞고 싶어서요. 가능할까요?" 하고 물으니 "예, 가능합니다"라는 시원스러운 대답이 돌아왔다. 병원에 들어가 의사의 진료를 받았다. 간에 부담을 줄 수 있다는 등의 부작용 설명을 듣고 나서 처음으로 호르몬 주사 한 대를 엉덩이에 맞고 나니 완전히 긴장이 풀렸다. 한숨 돌린 기분이었다. 이걸로 내 몸을 제대로 된 상태로 돌려놓을 수 있을 거라고 생각하자 안도감이 가슴에 밀려왔다. 그리고 이렇게 일주일에 한 번씩 통원하는 생활을 이어갔다.

두 번째 주사를 맞고 난 다음부터 몸의 변화가 나타나기 시작했다. 유두에 통증이 느껴졌고 기분 탓인지 유선이 부풀어오르는 듯한 느낌도 들었다. '아, 사춘기 초반에 느꼈던 거다' 하고 깨닫고 나니 기뻤다. 그 후 목욕을 할 때마다 유심히 몸의 변화를 관찰했다. 소녀처럼 살짝 봉긋하게 부풀어 오른 가슴, 미세하게 지방이 붙어 변화하는 다리 라인, 살이 약간 올라 만지면 매끈하고 부드러운 감촉이 드는 허리, 고와진 살결과 민감해진 피부. '이거야 말로 내 몸이다'라는 생각이 들었다.

한편으로는 여전히 이성적인 생각도 들었다. 이런 신체의 변화가 내게는 '정상화'일 수 있어도 다른 사람에게는 '일탈'의

과정일 수 있었다. 누구에게도 들켜선 안 된다는 생각이 들었다. 가슴이 나오기 시작한 것을 숨기려고 집에서도 고양이등을 하고 지냈다. 통근할 때는 가슴팍에 주머니가 있는 와이셔츠를 착용하고 그 속에 무언가를 넣어두고는, 사람이 가까이 다가올 때마다 팔짱을 끼고 대했다. 그렇다고는 해도 계속 숨기는 데에는 한계가 있었다.

건강진단 통지서를 받아든 다음 날, 나는 각오를 하고 사표를 썼다. 사표에는 '일신상의 이유'라고 썼지만 사회생활 1년차였던 내게 '동정이냐'고 귀찮게 물어보았던 선배와 내 바로 아래 후배에게만은 진짜 이유를 털어놓았다. 송별회 자리에서 후배는 다른 사람들 시선은 아랑곳하지 않고 울었고, 선배는 "너라면 어디 가도 잘할 거야"라고 격려해주었다. 장래의 전망이라곤 하나도 없는 퇴사. 선배의 그 한마디가 정말 기뻤다.

서포트 그룹에 참가하다

여성호르몬을 투여받으면서 내 모습은 서서히 중성화되어 갔다. 성을 바꾸어 살아가기로 한 만큼 가족을 떠나 살 필요가 있다고 생각한 나는 싱가포르에 갔다. 싱가포르는 성 소수자에게 관용적인 나라라는 이미지가 있었기 때문이다. 하지만 기대했던 것과 달리 실망스러운 나날만 계속된 8개월을 보낸 후 돌아와야 했다. 귀국하고 얼마 지나지 않은 1996년 7월, 사이타마 의과대학 윤리위원회가 '성전환 수술'을 조건부로 인정하는 답신(108쪽에서 자세히 설명)을 발표했다. 언론이 이 일을 대대적으로 보도하면서 나도 이때 처음으로 '성 동일성 장애'라는 말을 알게 되었다. 공식적으로 논의된 것, 그리고 언론의 논의가 극히 진지하다는 것에 희미한 희망이 피어났다.

이듬해 8월, 도쿄에서 열린 게이 퍼레이드를 구경하다가 '제1회 TS스터디'에서 알게 된 한 친구를 다시 만날 수 있었다. 그친구에게서 사이타마 의과대학이 1년 전부터 행해온 일들, 그리고 그들의 답신을 계기로 활동을 시작한 서포트 그룹이 있다는 이야기를 들었다. 같이 해보자는 권유를 받고 그대로 참가하게 되었다. 그 그룹이 바로, 나중에 나도 함께 운영하게 된 'TS와 TG를 지지하는 사람들의 모임TNJ'이었다.

지금의 내게 화장을 하고 치마를 입는 것은 아주 자연스러운 일이지만, 당시만 해도 매우 달랐다. 적어도 여장에는 거의 무관심했고 서포트 그룹에 갈 때도 티셔츠와 트레이너에 청바지 차림이었다. 머리는 애매하게 길었고 노메이크업에 눈썹도 다듬지 않았다. 그래도 여성호르몬은 정기적으로 투여받았기 때문에 겉모습은 완벽하게 중성적이었다. 곧잘 "당신은 무슨 타입이죠?" 하는 질문을 받기도 했는데, 토라이 씨처럼 '여성에서 남성으로' 변한 사람으로 오해받는 경우도 많았다.

나에게 서포트 그룹은 겨우 발견한 안식처 같은 곳이었다. 그곳에 가면 진짜 속마음을 이야기할 수 있었고 친구들도 사귈 수 있었다. 그러나 그곳에 모인 사람들은 자신의 모습이 어떻게 변했으면 좋겠는지를 잘 알고 있었고 서포트 그룹은 어디까지나 정보를 얻기 위한 통로일 뿐이라고 생각하는 사람이 많았다. 그 가운데에서 나는 어떻게 해야 좋을지 아직도 모르고 있는 것에 불안감을 느꼈다. 그래도 법과 제도의 문제점, 상담 및 호르몬요법, 수술 등에 관한 의료 정보, 가족과의 관계, 화장하는 방법 등 그곳에서 배운 것은 나의 밑거름이 되었다.

사이타마 의과대학의 답신

그렇다면 이쯤에서 사이타마 의과대학이 어떤 움직임을 보여왔는지 이야기하겠다. 1995년 5월, 하라시나 다카오原科孝雄 씨(사이타마 의과대학 종합의료센터 성형외과교수)가 동 대학 윤리위원회에 '성전환치료의 임상적 연구'를 신청했다. 그리고 다음 해 1996년 7월, 동 대학 윤리위원회는 12회에 걸친 심의 끝에 다음과 같은 답신을 발표했다.

1. 성 동일성 장애라고 불리는 질환이 존재하고 성별 위화로 고민하는 사람이 있는 한, 그 고민을 경감하기 위해 의학이 일조하는 것은 정당하다.

2. 외과적 성전환 수술도 성 동일성 장애 치료의 한 수단으로 볼 수 있으나, 아직 환경이 정비되어 있지 않은 일본의 현 상황에서 곧바로 외과적 성전환치료를 행할 때는 이하의 절차를 거쳐 환경 정비를 행할 필요가 있다.

1) 관련된 학회 및 전문가 집단에 의한 진단 기준을 명확히 하고 치료에 관한 가이드라인을 책정할 것.

2) 성형외과, 정신과, 산부인과, 비뇨기과, 소아과, 내분비학과 등 성 동일성 장애의 진단, 치료에 관계된 각 영역의 전문가로 이루어진 의료 팀을 결성하여 적절한 대상과 치료법을 선택하고 수술 전, 수술 후의 케어를 위한 체제를 정비할 것.

3) 성 동일성 장애에 대해 깊이 이해하고 외과적 성전환치료에 동반해 발생하는 여러 문제를 해결하기 위한 노력을 다할 것. 예를 들어 법률가를 포함한 관련 지식이 있는 사람들이 현실적인 문제해결 작업의 진행 및 당사자의 참가를 바탕으로 일반인들의 이해를 얻기 위해 노력할 것 등이다.

이 답신을 바탕으로 당시 후생성이 일본 정신신경학회에 의뢰해 작업을 진행하는 형태로 1997년 5월, '성 동일성 장애의 진단과 치료의 가이드라인'이 일본에서 최초로 책정되었다.

'치료'는 정신요법, 호르몬요법, 수술요법의 세 단계로 정해졌다. 치료가 어디까지 필요한지는 사람마다 다르다. 본인이 정신요법으로 충분하다고 느끼면 그것으로 끝나지만 그래도 위화감을 불식하지 못한 경우에는 전문가의 신중한 판단에 따라 호르몬요법 단계로 나아갈 수 있다. 호르몬요법의 효과를 확인하고서도 위화감이 사라지지 않을 경우에는 역시 전문가의 신중한 판단을 거쳐 최종적인 수술 대상이 된다.

이 가이드라인이 성립되면서 일본에서의 성별적합수술은 처음으로 공식적인 것이 되었다. 그때까지 일본에서 성별적합수술은 정당한 의료행위로 인정받지 못했다. 불충분한 진료만으로 '성전환 수술'을 행한 산부인과의사가 구 우생보호법을 위반한 행위를 한 것으로 결정되면서, 1969년 도쿄 지방법원에서 유죄판결을 받은 사건(일명 블루보이 사건. 1970년 고등법원판결에서도 유죄)이 오랫동안 영향을 끼친 것이 그 이유로 지적되었다. 사실 이 판결은 '성별적합수술이 정당성을 얻기 위한 조건'까지 깊게 따져 들었던, 당시로서는 획기적인 것이었으나 '수술을 한 것이 유죄'라는 부분만 본문과 분리돼 그것만

따로 알려지고 해석되어버린 상황이었다.

어찌되었든 가이드라인의 성립으로 '성 동일성 장애 치료'가 정당한 의료 행위로 자리 잡고 일본 국내에서도 관련된 의료 서비스를 받을 수 있는 길이 열렸다는 점에서 이 사건은 중대한 의미가 있었다. 현재 일본의 병원 다섯 곳에서 정식으로 성별적합수술이 행해지고 있다.

한편 가이드라인의 성립 초기 단계에서는 운용이 교조적이었기 때문에 가이드라인을 따르지 않고 스스로 판단해 의료 시술을 받은 당사자들은 '일탈 사례'로 취급받았다. 그 결과 성별적합수술 적용을 받지 못한 채 오랫동안 방치되는 경우도 속출했다. 그러다 2002년 7월 개정된 제2판에서는 초판의 규정에 따르지 않은 경우에도 유연하게 치료를 재개할 수 있도록 바뀌었다. 호르몬요법의 시작 연령 또한 20살 이상에서 두 살 낮춘 18세 이상으로 바뀌었고, 종래 제3단계에 포함되어 있었던 유방절제는 제2단계에 포함되어, 호르몬요법을 받기 전에 유방절제를 하는 것도 가능하게 되는 등 커다란 변화가 있었다.

그에 더해 2006년 1월에 개정된 제3판은 이후 4장에서 서술할 '성 동일성 장애인 특례법'의 시행에 따라 한층 유연성을 더하게 되었다. 현재는 당초 성별적합수술을 받기 위해 필요했던 윤리위원회에 의한 성별심사가 폐지된 상태다. 또한 환자

본인이 자신에게 가장 적합한 치료법을 선택할 수 있어야 한다는 취지에서, 정보를 충분히 제공받은 후에 치료법의 조합 및 순서를 자유롭게 고르는 '알라카르트A La Carte(자유선택조합형) 방식'이 채용되었다.

임상 현장에서 들려오는 당사자들의 목소리에 응답해, 의료 제공 형태를 개선하기 위해 노력을 아끼지 않은 의료 관계자들의 수고는 특별히 강조할 만하다. 그러나 '환자'의 입장에서 보면 여전히 의료적인 문제가 산적해 있다. 무엇보다 '타자의 인정이 없으면 앞으로 나아갈 수 없는 치료'라는 기본 틀은 변하지 않았다. 또한 전문의가 극도로 부족한 상황이어서 도쿄 근교에서는 전문의 정신요법이 초진 접수조차 어려운 지경이다.

게다가 젠더 클리닉은 정신과, 내과, 성형외과, 산부인과, 비뇨기과 등 여러 과로 구성되어 있는데 과 간의 연계가 제대로 이루어지고 있다고 말하기 어렵다. 담당 의국별 연계가 잘 안 되고 있어서, 하루에 효율적으로 진료를 받기 위한 준비부터 어느 과에서 어느 정도 진단 및 치료가 이루어졌는지 설명하는 것까지, '환자' 스스로 적극적으로 생각해서 해나가지 않으면 좀처럼 앞으로 나아가기 어려운 현실이다.

은둔형 외톨이에서 벗어나다

싱가포르 다음으로 생각한 곳은 미국 샌프란시스코였다. 그곳이라면 내가 머물 곳이 있지 않을까 하고 생각했다. 실제로 가 보니 10일 정도 짧게 체류하면서도 참여할 수 있었을 만큼, 트랜스젠더 서포트 모임이 빈번히 열리는 것에 눈이 절로 커졌다. 그러나 서포트 그룹에 참여한 누군가에게서 들은 다음의 한마디는, 도미하겠다는 나의 생각을 접게 만들기에 충분했다. "이 동네라고 천국은 아니야. 네가 만약 예쁘게 변할 수만 있다면 살 만하겠지. 그런데 여자로 변하는 그 과정이 위험해. 누군가가 널 죽일 수도 있다는 걸 각오해야 할 거야."

차별과 편견이 강하기 때문에 사람들이 더더욱 손을 잡고 결속하고 있는 현실을 들여다본 기분이었다. 도쿄에서는 조소를 당할지언정 죽을 위험은 없다. 그렇게 생각한 나는 결국 일본에 돌아가기로 결심했다.

샌프란시스코에서 돌아온 후, 2년간 집에서 조용히 지냈다. 국내에서 공식 의료 서비스를 받는 것도 가능하게 되었고 서포트 그룹도 만나게 되었지만, 이제부터 어떻게 해나가야 할지 내 나름의 비전이 좀처럼 정해지지 않았다. 중성적인 용모는 내가 봐도 불편했고 주위의 시선도 신경 쓰여서 어떻게 행동해야 좋을지 알 수 없었다. 자존감이 떨어지니 살 방을 구할 생각도, 일을 찾아볼 마음도 들지 않았다.

하루하루 모아놓은 돈만 줄어드는 현실에 초조해하다가 학생시절 아르바이트했던 가게 주인의 권유로 중고 비디오 판매점에서 아르바이트를 하게 되었다. 성인 비디오도 꽤 있었던 한산한 가게에서 한밤중에 가게를 보고 있자니, 영락없이 시시해져 버린 기분이 들었다. 밤중에 나가고, 낮에는 자고 있는지 깨어 있는지 알 수 없는 나를 보며 가족들도 걱정스럽게 내 상태를 살폈다. 내 방에서 나가는 것조차 신경 쓰게 되어버린 나는 내 방과 한밤중의 아르바이트, 서포트 그룹을 살금살금 몰래 오가는 그런 나날을 보내야 했다.

한편으로 그런 상태가 싫기도 했다. '이 상태로는 안 된다, 나답게 살기 위해서는 무엇이 필요할까'를 생각해보다가 사람들과 마주하는 것이 고통스럽게 된 가장 첫 번째 요인이 바로 수염이라는 것을 깨달았다. 남아 있는 저축을 의미 있는 일에 투자하지 않으면 정말로 옴짝달싹 못 하게 되어버릴까 봐 두려워져서 영구제모에 도전했다.

가장 처음에 시도한 것은 제모침이었다. 모근에 미세한 전기 침을 꽂아 모근을 전기분해하는 방식이었는데, 핀셋으로 뽑을 수 있을 만큼 수염을 기를 필요가 있었다. 시술은 참아도 눈물이 나올 정도로 아팠고 피부는 빨갛게 부어올랐다. 또 털이 다시 나는 휴면기까지 고려해 수염을 완전히 없애는 데 연단위의 시간을 들여야 했다. 10만 엔어치의 제모를 했지만 효과를 실감하지는 못했다. 고민을 해소하기까지 갈 길이 멀다는 생각에 정신이 아득해졌다.

그러던 때에 여자 친구 한 명이 레이저제모에 관한 기사를 하나 보여주었다. 그 기사를 보고 찾아간 클리닉에서 레이저 샷 한 대에 1만 엔, 수염을 전부 없애는 데 50만 엔이라는 말을 들었다. 그러나 그것을 그대로 부담할 마음은 아무래도 들지 않아, 의료기기의 수입대리점에 전화해 동종 기계를 도입한 의료 기관을 일일이 조사했다. 결국 레이저 샷 한 대에 100엔인 곳을 찾을 수 있었다.

진료실에서 "수염 영구제모를 하려고 왔는데요"라고 말하자 의사는 놀란 기색이었다. 나는 그곳에서 샷 하나에 100엔으로 계산해 1회 차 때 1만 2000엔, 2회 차 때 8000엔, 그 후 100엔 단위로 지불해 제모시술을 마칠 수 있었다. 수염을 없애고 나니 가까운 거리에서 사람들과 말할 때마다 고통스러워하고, 내 얼굴에 위화감을 느꼈던 과거가 거짓말처럼 느껴졌다. 위화감이 해소된 것을 실감하고 다리털 제모도 받았다. 무엇을 바꿀 수 있는지 생각해서 구체적인 방법을 찾아보고 실제로 행동하면, 성과도 얻을 수 있고 만족스러운 법이다. 이렇게 이뤄낸 작은 성공으로 나는 은둔형 외톨이에서 벗어날 수 있었다.

'여성'으로서의 자아

용모가 '여성'에 가까워지자 거리에서 여성에게만 나누어주는 티슈를 받는 일이 극적으로 늘었다. 남성에서 여성으로 변하는 당사자들 사이에서는 남녀의 만남을 중개하는 전화방의 광고 티슈를 얼마나 받는지가 스스로의 겉모습을 객관적으로 판단하는 척도의 하나로 인식되었다.

또 우리는 대개 전화방을 보이스 트레이닝의 장으로 이용하곤 했는데, 전화방에서는 서로의 프라이버시를 밝히지 않고도 이야기할 수 있었기 때문이다. 상대 남성에게 마지막까지 들키지 않으면 자신의 목소리가 '여성으로서 합격'인 셈이 된다. 특히 당사자들 사이에서 인기가 있었던 것은 트랜스젠더를 대상으로 한 전화방이었다. 그곳에서라면 진짜 사정을 말하더라도 받아들여질 수 있었다. 트랜스젠더들에게는 바깥사회로 열린 조그마한 창과 같은 곳이었다. 불쾌한 사람을 만나면 전화를 끊어버리면 된다고 마음 편히 생각하고 몇 번 시도를 해보다가 꽤 호감이 가는 사람과 이어졌다. 그는 나의 고민에 차분히 귀를 기울여주고 격려해주었다. 나이도 비슷해서 대화가 잘 이어졌다. 그러던 어느 날 데이트 약속을 잡는 데까지 나아갔다. 하지만 전화를 끊고서 처음으로 든 생각은 '이를 어쩌나……' 하는 것이었다. 사정을 알고 있다고 해도 상대는 분명히 나에게 '여자다움'을 원할 것이다. 그러나 나는 데이트에 입고 갈 옷이 없었고 예쁘게 보이기 위한 화장도 해본 적이 없었다. 기대를 저버려서 상대방을 실망시킬 경우 상처 입는 쪽은 결국 내가 될 것이라고 생각했다.

여자 친구 한 명에게 전화해 상담하자, 그녀는 도와줄 테니 당장 집으로 오라고 했다. 서둘러 그녀의 집에 가서 기본적인 화장법을 배우고 옷을 빌렸다. 다음 날 약속 장소에 간 나를 그는 놀란 눈으로 뚫어져라 쳐다보면서 "속은 건가 생각했어요. 완전히 일반적인 여자로밖에 안 보여요"라고 말했다. 화장과 여성스러운 옷으로 보강하면 다른 사람에게 여자로 보이는 나. 그리고 그것에 아무런 위화감도 느끼지 않는 나. 그것은 생각하지 못했던 나 자신에 대한 '발견'이었다.

이날을 시작으로 서포트 그룹에 갈 때에도 화장을 하고 여성 옷을 입고 갔다. 하지만 그래도 집 근처에서는 '그 집의 둘째 아들'이었다. 집을 나설 때는 티셔츠와 청바지 차림에 일부러 행동도 남자답게 하면서 '긴 머리 오빠'를 연기했다. 그리고 바로 근처 역의 여자화장실로 달려가 재빨리 변신했다. 손으로 머리를 몇 번 빗질해 사뿐히 넘기고 길거리에서 사삭 립스틱을 바르면, 그것만으로도 엷은 화장을 한 여성이 되었다. 여자화장실의 칸막이에 들어가 여성스러운 옷으로 갈아입고 파우더 룸의 거울 앞에서 제대로 화장을 하면 '여성스러운 여자'가 완성되는 그런 흐름이었다. 집에 돌아갈 때는 반대의 순서를 밟았다. 다시 화장실에 가서 티셔츠와 청바지로 갈아입고 밖으로 나왔다. 사람이 별로 없는 골목에서 씻어내는 타입의 클렌징으로 얼굴을 닦아내면 다시 '긴 머리 오빠'로 돌아왔고 집에 갈 수 있었다. 이런 식으로 1인 2역 같은 생활을 반복하면서 나의 중심이 '여성' 쪽에 있구나 하는 것을 확실히 인식하게 되었다.

목울대와 목소리

여자의 모습으로 보내는 시간이 늘어나면서 '나는 여자다'라고 솔직하고 단순하게 받아들이게 되었다. 그러나 '여자다움'을 일부러 꾸며내야 한다고 생각한 적은 없다. 내게는 사회가 규정하는 '다움'보다 '나답게 사는 것'이 더 중요했다. 내가 마음 편하게 지낼 수 있는 상태, 그러한 몸과 목소리, 복장, 행동,

말투, 그리고 내가 꺼내는 이야기들의 주제, 그 모든 것이 사회에서 간주하는 '여성'의 영역에 자연스럽게 들어갔기에 애써 노력할 필요가 없었다. 주위 사람들도 자연스럽게 날 여자로 대해주었고 나도 그것에 아무런 위화감을 느끼지 않았다. 그런 딱 맞는 느낌이 '여성'으로서의 자아를 안정되게 해주었다.

하지만 목울대가 주는 위화감은 어떻게 해도 지울 수가 없었다. 그럭저럭 스스로를 '남자'라고 생각했던 때부터 목울대는 혐오의 대상이었다. 이성을 넘어서 감정적으로 받아들일 수가 없었던 것이다. 게다가 목울대 때문에 '원래 남자'임이 드러난다면 지금까지의 노력이 물거품이 되는 셈이었다.

'나는 여자다'라는 자아가 확립된 뒤부터는 수술로 어디까지 개선될 수 있는지와 그 리스크에 대해 좀 더 구체적으로 생각하게 되었다. 도쿄, 요코하마, 교토, 오사카에서 네 명의 성형외과 의사를 만나 상담을 받았다. 각각의 의사에게 어디까지 목울대를 잘라낼 수 있는지, 어떤 리스크가 있는지를 물으니 대답은 모두 제각각이었다. 내 주위에는 내게 조언을 해줄 만한 경험자가 없었고, 결국 반 년간 고민하다가 교토의 외과의사에게 수술을 받았다.

비용을 절약하고 싶다는 나의 뜻에 따라 2만 엔 싸게 하는 대신 국소 마취만으로 수술을 받게 되었다. 그러나 수술이 시작되자 바로 후회했다. 겨우 8밀리미터라고는 해도 의식이 생생한 상태에서 목덜미를 절개하는 것은 무지막지한 공포였다. 그러나 메스를 쥔 손을 생각하면 떨림을 극도로 절제하지 않으면 안 되었다. 간호사가 내 상태를 살피고 수술하는 40분 동안 계속 손을 잡아준 것이 그나마 위안이 되었다.

그날 수술은 약간 늦게 시작되었다. 의사선생님은 뒤에도 수술이 예정되어 있어서 서두르는 것 같았다. 너무 과도하게 절개하면 목소리가 낮아진다고 해서 수술은 '아 ─ 아 ─' 하고 소리를 내면서 진행되었다. "선생님, 슬슬 그 정도에서 멈추시는 게……"라고 간호사가 말했지만, 의사선생님은 "조금만 더"라고 하며 계속 절개를 진행했다. 절개를 하는 손에 더욱 힘이 들어간 순간, 스윽 하고 수술용 끌이 미끄러졌다.

그 순간 핏기가 사악 하고 가시는 것이 느껴졌다. "목소리 내보세요"라고 하기에 목소리를 내보니 낮고 기이한 목소리로 변해 있었다. '더 이상 되돌릴 수 없을지도 몰라…….' 충격에 엉엉 울고 싶었다. 수술은 거기에서 끝이 났다. 신칸센을 타고 도쿄 역에 도착했을 때는 목소리가 아예 나오지 않았다.

2주일이 지나도 목소리는 돌아오지 않았고 속삭이는 것처럼 말할 수밖에 없었다. 목소리를 잃으면 앞으로 어떻게 살아가야 하나 생각하니 암담했다. 그 후 음악 교사인 친구가 보이스

트레이닝을 해준 덕분에 반년쯤 지나 겨우 오랜 시간 말해도 목이 쉬지 않을 정도로 회복할 수 있었다. 그러나 예전에는 아무런 어려움 없이 낼 수 있었던 여성 보컬의 음역은 돌아오지 않았다.

수술에 절대란 없고 무언가를 얻기 위해서는 리스크를 감내해야만 한다는 것을 알고는 있었지만, 막상 실제로 잃은 것이 생기니 충격을 받았다. 그래도 나는 불행 중 다행이었다고 말할 수 있을지 모른다. 어쨌든 '여성'으로 통용되는 목소리를 가질 수 있었으니 말이다.

수술

시간의 전후 관계는 좀 뒤바뀌었지만 이쯤에서 성별적합수술에 관해 언급해두려 한다. 성별적합수술을 받을 것인지를 두고 혼자서 정말 긴 시간 동안 주저했다. 직관적으로 보아도 내 몸에 강한 위화감을 가지고 있는 것이 확실했고, 어느 쪽의 성기를 고르겠냐고 하면 고민 없이 여자 성기를 고를 것이라고 생각했다. 일상생활 중 화장실에 갈 때마다, 목욕하러 들어갈 때마다 싫어도 내 성기 형태를 의식할 수밖에 없었다. 여성의 성기가 있었다면 틀림없이 나는 좀 더 자연스럽게 행동할 수 있었을 것이다. 그렇게만 된다면 좋아하는 사람과 나란히 알몸으로 누워 잘 수도 있을 것이라고 생각했다.

그러나 그 당시 뵈었던 정신과 의사 선생님이 "수술하실 생각이 있으십니까?"라고 물었을 때도 "꼭 해야 합니다"라는 모범답안은 말할 수 없었다. 나의 대답은 다음과 같았다. "내 몸에 위화감이 느껴지는 부분이 있고 여성의 성기를 갖게 된다면 더 자연스러울 거라는 생각도 있습니다. 하지만 수술이 어느 정도의 위험성을 동반하는지, 또 어느 정도의 결과를 기대할 수 있는지 정보가 충분하지 않은 상태에서 수술을 무리하게 부탁하고 싶은 마음은 들지 않습니다." 정신과 의사 선생님은 '수술에 해당한다'라는 의견서를 써 주었고 병원의 젠더 클리닉 팀 합의에서도 수술을 인정받았다. 그러나 나는 그 후에도 고민을 껴안은 채 오랜 시간을 보냈다.

성별적합수술은 완벽한 여성의 성기를 만드는 것이 아니다. 겉모습과 기능을 '여성에 가깝게 하는' 수단이기는 하지만 반드시 만족할 만한 결과가 나온다고는 할 수 없다. 자칫하면 배설 기능에 지장이 올 수도 있고 성감을 떨어트릴 가능성도 있다. 이미 목울대 수술을 통해 기대감만으로 일을 판단해서는 안 된다는 것을 깨달았고, 위험성과 한계를 확실하게 짚고 따져봐야 한다고 생각했다.

불확정한 사회제도도 수술을 주저하게 만든 큰 요소였다. 당시 비정규직 여사원으로 일하고 있었기 때문에 회사를 장기간 쉴 수 없다는 현실적인 이유도 있었지만, 나중에 법적으로 성별을 바꿀 수 있게 되었을 때 비공식적인 수술과 해외에서의 수술이 불리하게 작용할 가능성이 있다는 것도 크게 작용했다. 나중에 후환이 될 만한 일은 남겨두고 싶지 않았다.

최종적으로 내가 수술하기로 결심한 것은 의원이 되고 난 다음인 2004년 12월 말이다. 공무를 하루도 쉬지 않고도 치료에 전념할 수 있도록 일정을 짰다. 의료 기관을 선정할 때는 공인인 내가 국내에서 치료를 받을 경우 병원이 취재 공세에 시달릴 것을 감안해, 태국의 촌부리라는 곳에 위치한 병원을 골랐다. 수술은 다행히 성공리에 끝났다. 입원한 일주일 동안 의원이 된 후 처음으로 푹 쉴 수 있었다.

여성으로 살아가기

여사원 생활을 시작하다

서서히 '여성'으로서의 자아가 자리 잡기 시작할 즈음, 인생을 개척해나가기 위해 본가를 떠나야만 한다고 결심하고 세타가야 구로 이사를 왔다. 1998년 6월의 일이다. 그리고 1999년 새해가 시작될 무렵 나는 여사원으로 새출발했다.

겉모습은 스스로 밝히지 않는 한 누구든 '여자'로 볼 정도로 변해 있었다. 이제 남은 것은 '사회에 참여하는 일'뿐이었다. 가능하면 5년간의 샐러리맨 경험을 살릴 수 있는 일을 하고 싶었다. 안정적인 직장을 생각하면 정규 고용을 찾는 것이 빠른 길이었지만 가장 큰 문제는 그렇게 하려면 반드시 공적인 서류를 제출해야 한다는 것이었다. 호적과 주민표, 연금 수첩 등을 제출할 경우 호적상의 성별을 한눈에 알아볼 수 있게 된다. 그리고 연금과 고용보험, 노동보험, 건강보험조합 등의 서류에는

성별란이 표기되어 있어서 '남성' 샐러리맨으로서 살아갈 때의
내 과거와 현실의 부조화가 문제시되었다.

많은 트랜스젠더 당사자들이 같은 문제를 떠안고 있다. 그
들은 파트타임 직장이나 아르바이트, 파견사원 등 불안정한 고
용 형태를 감수해야만 한다. 나도 구인정보지를 살필 때 사회
보험을 완비하고 있는 안정적인 일자리부터 가장 먼저 X를 쳐
나가야 했다. 그리고 결국, 근처 편의점에 놓여 있는 인재파견
회사의 공짜 정보지를 보다가 2주짜리 기간 한정 편집보조 아
르바이트에 떨어질 각오를 하고 지원했다.

공백기에 대한 평가

인재파견회사를 방문해 이력서를 제출하고 담당자와 함께
내가 파견될 회사의 사장님을 만나러 갔다. 들킬까 봐 내심 조
마조마했지만 셋이서 잠시 이야기를 나눌 동안 내 성별을 의심
하는 기색은 조금도 없었다. 오히려 시종일관 온화한 분위기
속에서 면접이 끝났다.

'여성'으로서의 경력을 설명하면서 사회에서의 남녀 취급이
'역시 다르구나'라는 것을 새삼 깨달았다. 샐러리맨을 그만두
고 여사원으로 복직하기까지 나의 경력에는 어쩔 수 없이 몇

년의 공백이 있었다. 그 기간에 대해 나는 '집안일을 도우면서 할머니를 간호 수발했습니다'라고 설명했다. 놀랍게도 그 설명은 아무런 문제없이 긍정적으로 받아들여졌다. 수년간의 공백이 '집안일을 도왔다' 이 한마디에 깔끔히 정리되어버린 것은, 남성 샐러리맨의 세계에서는 있을 수 없는 것이라고 생각했다.

"당장 와줄 수 있겠나?"라는 사장님의 한마디에 채용이 결정되었다. 2주간이라는 기간을 미리 정해두고 일을 시작했다. 기본적으로 사장님과 나 두 사람만 상근하는 편집 프로덕션이었다. 사장님은 내가 과거에 남자였다는 사실을 눈치조차 채지 못하는 모양이었다. 일주일 정도 지나자 일도 익숙해지고 들킬 것 같지도 않다는 마음에 안도감이 들었다. 몇 개월 후에는 직접 고용 아르바이트생이라는 신분이 되었다.

어느 아침의 일이다. 회사에 출근해서 자동응답기능을 해제하자 수상한 메시지가 들려왔다. 누군가 더듬거리는 일본어로 "도와주세요…… 도와주세요……"라고 말했다. 미심쩍게 생각하며 사장님께 보고드리자 "아, 한국인 오카마들이야"라고 했다. 설명을 들으니 사장님은 신주쿠의 거리에서 알게 된 그녀들과 수년간 교우관계를 유지해오면서, 어떤 때는 돈을 빌려주기도 하고 어떤 때는 신원보증인이 되어주기도 했다고 한다.

"오카마들은 정말 불쌍한 사람들이야. 그래도 내가 마음에 든다고 따르는 걸 보면 귀엽다니까." 그렇게 지나가는 것처럼 살짝 속내를 말했다. 고령의 사장님은 그런대로 나를 귀여워 해주셨다. 그래도 본인이 고용한 유일한 상근 스태프가 그들 과 똑같이 성의 경계를 뛰어넘은 트랜스젠더라는 사실은 꿈에 도 생각지 않고 있었다. 이 이야기를 듣고 친구는 쓴웃음을 지 었다. 사장님이 나의 '진실'을 알게 된 것은 회사를 퇴직하고 약 2년 후, 선거에 당선된 나를 TV 화면에서 발견했을 때라고 한다.

남자도 여자도 쉽지 않다

일을 시작하고 2년이 지났을 무렵 사장님의 연로로 회사가 문을 닫게 되면서 다시 취업 활동이 시작되었다. 이력서의 성 별란에는 '여성'에 동그라미를 치거나 빈 칸인 채로 내기도 했 다. 그리고 33세가 되었다. 구인지를 보면 '35세까지'로 연령 이 제한된 곳이 많았다. 연령에서도 아슬아슬한 경계선을 의 식하게 되었다.

오랜 불황 중에 많은 면접을 보았다. 면접에서는 직업 경험 과 함께 가족란을 꼼꼼히 체크당하는 경우가 많았다. 결혼은 했는지, 결혼 후에도 일을 계속할 것인지, 아이를 낳을 계획은 있는지 등등……. 남자였다면 절대로 물어보지 않았을 질문들이 너무나 많은 것에 놀라 할 말을 잃었다.

'여자, 33세' 취직, 결혼, 출산, 육아 등 여러 가지를 생각해보면 '사실상 일할 수 있는 기간이 거의 없는 것 아닌가?'라는 말이 금방이라도 튀어나올 것 같은 질문에 몇 번이고 부닥치곤했다. 결국 "아기를 낳으면 일은 계속할 수 없는 거잖아", "잠깐 있다가 이제 쓸 만하다 싶으면 그만두는 사람은 좀 그런데요", "이도 저도 아닌 여자는 귀찮을 뿐이야. 다른 데 가보세요"라는 본심이 훤히 들여다보이는 것 같았다. 그래서 "결혼은 당분간 생각하고 있지 않습니다"라고 대답하면 돌아오는 말은 "그건 그것대로 또 좀 그렇지 않나요?"였다. 해도 해도 너무한 쓸데없는 참견 말라고 말해주고 싶었다.

결국 회사 두 곳에서 합격 통보를 받았고 오모테산도에 있는 작은 출판사에서 일을 시작해 1년 8개월 정도 일했다. 솔직히 여자끼리의 관계라는 것도 정말 힘들고 피곤한 것이구나 하고 생각했다. 사내에서는 여사원이 네 명 있었는데 언뜻 보면 서로 사이가 좋은 듯 보여도, 그 안으로는 자기 그룹의 안과 밖을 분명히 의식하고 있었다. '안 보이는 곳에서는 무슨 말을 할지 모른다'라는 경계심이 서로 뻔히 들여다보이는데도 '친한 사이'라는 가면은 누구도 벗지 않았다. 복장과 화장은 너무 화려하지 않도록, 특정 남성과 너무 가까운 태도를 취하지 않도록, 그런 배려가 이 균형을 지키는 데 중요한 요소였다.

샐러리맨으로 5년, 여사원으로 4년 일하면서 생생히 느낀 것은 '남자도 여자도 편하지 않구나'라는 것이었다. 남자는 남자대로 떠맡겨지는 일들의 질이 다르다. 내가 과거 샐러리맨이었던 시절에는 "남자라면 절대로 약한 소리하지 마라"라는 압력이 매우 강했다. 남자들은 전날 밤에 술 한 잔씩 하면서 푸념하고 술에 취해 쓰러졌어도, 다음 날 아침에는 아무 일도 없었다는 듯 일에 몰두하는 것이 보통이었다.

일본의 '회사'라는 곳은 남자라면 '자기 의견 하나도 없느냐'는 말을 듣는 상황에서도 여자가 의견을 말하면 아직 꺼려지는 분위기이다. 여자가 의견을 말하면 주제넘은 태도로 받아들이거나 언뜻 들어주는 것 같으면서도 실제로는 의견 자체를 가볍게 여기곤 했다.

'남자에서 여자로', '샐러리맨에서 여사원으로'. 확실히 내 모습은 변했지만 나라는 사람의 본질은 무엇 하나 바뀐 것이 없다. 그런데도 사회에서 받아들여지는 방식과 요구가 정말 다르다는 걸 실감했다. 말 그대로 젠더 바이어스gender bias, 성에 의한 편견이었다. '남자도 여자도 편하지 않다.' 그것이 '남성'과 '여성'을 모두 경험한 나의 꾸미지 않은 실제 느낌이었다.

'당연'하지 않았던 사회보장제도

이름을 바꾸다

자신이 희망하는 성별로 살게 된 트랜스젠더에게는 주위 사람들이 자신의 외모와 목소리를 어떻게 받아들이는지, 또 어떻게 이해하는지가 중요한 의미를 갖는다. 그러나 외모와 목소리가 원하는 성별에 가까워진다고 해서 평온하게 살 수 있는가 하면 그것도 아니다. 또 하나 중요하게 알아야 할 것은 우리가 사회제도상의 위치에 크게 속박되어 있다는 사실이다. 나는 여성으로서 사회에 제대로 참여하기 위해 호적상 이름과 성별의 벽을 뛰어넘어야 했다. 그것이 내 앞에 놓인 큰 과제였다.

이제 막 여성으로서 살기 시작할 당시에는 호적상 성별을 바꿀 수 없었기 때문에 내가 할 수 있었던 일은 단지 이름을 바꾸는 것뿐이었다. 일을 시작하고 반년 후, 호적상 이름을 바꿔야겠다는 생각이 진지하게 들었다. 직장에 제출한 이력서의 이름은 '아야'였다. '아야'는 개명 후에도 호적상의 성별과 이름이 뒤죽박죽되지 않도록 고심해서 고른 중성적인 이름이었다.

일을 시작하기에 앞서 급여 임금을 수령하기 위한 은행계좌를 개설할 필요가 있었는데, 당시는 지금처럼 돈세탁 방지 대책이 철저하지 않았기 때문에 창구에 가지 않고도 우편으로 신청할 수 있었다. 메일 오더 방식을 쓸 경우에는 신분증 복사본이 없어도 계좌를 개설해주는 은행이 적지 않았다. 트랜스젠더 당사자들 사이에서는 널리 알려진 방법이었다.

혼자 자취를 시작했을 때도 공공요금 명의는 '아야'로 했다. 공공요금 명의를 등록할 때 신분증명은 전혀 필요하지 않았다. 그러나 영수증은 공적 성격을 지녔기 때문에 통용도는 떨어졌지만 스스로를 증명하는 유일한 서류로서 지참하고 다녔다.

한편 이름을 바꾸려면 가정법원의 허가 심판을 받아야 했다. 또한 동성동명의 사람으로 인해 사회생활에 중대한 지장을 받는 경우나 오랫동안 사용해온 명칭이 있는 경우, 영업상의 이유로 이름을 세습할 필요가 있는 경우, 진기하거나 난해한 이름으로 사회생활에 중대한 지장을 받는 경우 등 '정당한 사유'가 필요했다. 당시 '성 동일성 장애'를 이유로 개명을 신청한 경우는 드물었고 '정당한 이유'로 인정받을 수 있을지도 모호한 상황이었다.

1999년 6월, 개명 신청을 위해 도쿄가정법원에 갔다. '성 동
일성 장애'의 진단서를 첨부하고 사회생활 실적을 증명하기 위
한 각종 서류들(파견회사와의 고용계약서, 급여명세, 통성명으로
개설한 은행계좌, 전기·가스·수도 등 공공요금의 영수증, 친구들
이 보낸 소인을 확인할 수 있는 엽서 몇 장)을 가정법원에 제출했
다. 가정법원 조사관과의 면담은 때로 눈물을 참아가기도 하
면서 장장 4시간에 걸쳐 이루어졌다. 중간 휴식 시간에 안내받
은 곳은 확실히 여성 화장실이었다.

전례가 없던 신청이었기에 좀처럼 입장을 정하기 어려워하
던 조사관도 마음이 움직인 듯한 모양이었다. "개명이 인정되
지 않을 가능성도 있나요?" 하고 물어보니, 그는 침착하고 차
분하게 "그렇지 않을 것으로 생각됩니다"라고 답했다. 가정법
원 심판에서는 법원과 신청인 사이에 있는 조사관의 보고가 큰
의미를 가진다고 들었기 때문에 근심을 내려놓을 수 있었다.
그리고 신청 4개월 뒤인 1999년 10월 말, 내 이름은 정식으로
'아야'로 변경되었다.

세금은 착실히 내도

법적인 이름도 '아야'가 되면서 새로운 의문이 들었다. '아르

바이트 신분이어도 원천징수로 세금을 내고 노동자의 의무를 수행하고 있는데, 아무런 권리도 얻을 수 없다는 사실이 꽤 불합리하지 않나' 하는 것이었다. 고용보험에 들지 않은 이상, 우리는 해고가 되어도 어떠한 보장도 받을 수 없었다. 일하는 중에 상해를 입어도 노동보험의 대상조차 되지 않았다. 부상을 입고 일할 수 없게 되어도 그저 울기만 할뿐 아무것도 할 수 없는 것이다. 당시에 건강보험도 국민건강보험인 경우에는 창구 부담료가 달랐다. (애초에 병원 창구에서 보험증의 기재 성별과 외양이 달라 추궁을 당하는 것이 싫어서, 홈닥터 외의 병원은 이용하지 않았지만 말이다.) 연금 역시 국민연금만 받을 수 있었다.

생각하면 할수록 이상했고 장래가 불안하게 느껴졌다. 과거에 남자였다는 사실을 고백하면 이전에 유효했던 보험제도 기록을 이어받을 수도, 사회보험에 가입할 수도 있을지 몰랐다. 하지만 그렇다고 하더라도 그 고백이 해고로 이어질 가능성이 있는 이상, 간단히 실천에 옮길 수도 없는 노릇이었다.

실제로 트랜스젠더라는 사실을 숨기지 않고 구직한 결과, 내정이 무효화되거나 과거가 알려지면서 주위의 몰이해를 견디지 못하고 퇴사한 친구들의 체험담도 셀 수 없이 많았다. 어떻게든 남자였던 과거를 숨기고 정사원이 될 수는 없는 걸까, 사회보험에 가입할 수는 없는 걸까…… 그런 생각이 들었다.

공공 직업 안내소와의 상담

신주쿠에 있는 국가가 운영하는 공공 직업 안내소 '헬로 워크'에 전화를 걸어보았다.

"저는 22세부터 27세까지 5년 3개월간 정규직원으로 근무했습니다. 이 기간에 매달 고용보험료를 냈는데요. 예전의 고용보험은 남성의 이름으로 등록되어 있고 성별도 남자로 되어 있습니다. 현재는 여성으로 사회생활을 하는 상태이고요. 지금 풀타임으로 일하고 있기 때문에 저도 고용보험에 가입할 수 있는지 여쭤보려고 전화드렸습니다."

안내원은 내 설명에 놀란 듯 "잠시 기다려주세요……"라고 하더니 다른 곳으로 계속 연결했다. 그래도 담당자는 내 호소에 친절하게 귀 기울여주고 제도를 찾아 알려주었다. 그 설명에 따르면 통상 근무지가 바뀌어도 개인의 기록은 계속 이어지도록 하는 것이 기본이었다. 그러나 내 경우처럼 퇴직 후 재취업까지의 공백 기간이 2년 이상 있는 경우에는 꼭 그렇지만도 않다는 것이었다.

"회사가 여성이라고 생각해서 신청했다면 컴퓨터상에는 다른 사람인 것처럼 따로 등록되었을 겁니다"라고 설명했다. 의외로 고용보험은 잘 처리될 것 같았다. 이대로라면 정사원이 되어도 괜찮겠다고 생각했다.

이어서 신경이 쓰인 것은 건강보험이었다. 이 또한 문의를 해보니 의외로 회사에서 제출한 가입자 정보를 그대로 입력하는 것이 전부여서 그 이상 자세한 조사는 하지 않는다고 했다. 과거에 어떤 성별로 일했는지가 문제될 일은 일단 없다는 것을 알 수 있었다. 이것도 잘 처리될 것 같았다.

사회보험 사무소에서

이제 마지막으로 남은 것은 연금이었다. 정사원이 되면 역시 기업연금에 가입하게 될 것이기 때문이었다. 당시에 나는 행정 기관에 상담하거나 일 처리를 진행할 때 절대로 내 쪽에서 먼저 이름이나 주소 같은 프라이버시를 밝히지 않았다. 상대방이 수상하게 여기는 듯한 모습을 보이거나 나를 바보 취급하는 게 느껴지는데도, 불쾌한 상대방과 대화해서 피폐해져봤자 아무 의미가 없기 때문이다. 내 쪽도 그에 상응하는 대응을 하고 전화를 끊어버리면 그만이라고 생각했다. 반면 성실히 귀를 기울여주는 상대에게는 최선을 다해 자세히 설명해야겠다고 다짐하고 있었다.

"'성 동일성 장애'라는 말을 알고 계십니까?"로 시작되는 나의 행정 상담은 어느 담당자에게도 전례 없는 내용이었다고 생각한다. 시큰둥한 반응을 보이거나 이야기가 통하지 않는 사람도 있었지만 내 쪽에서 열심히 성의를 다해 말했을 때 같이 생각해주고 성실히 대응해주는 직원도 많았다. 사회보험 사무소의 담당자도 그런 분이었다.

"회사의 경영자는 지금도 사정을 알지 못합니다. 벌써 반 년 이상 여성으로서 아르바이트를 해오고 있고, 정사원을 시켜도 괜찮지 않을까 하는 이야기가 나오고 있습니다만, 사회보험에 들 수 없다고 하면 역시 문제가 될 거라고 생각합니다. 연금 수첩의 기재 성별을 바꿀 수 없을까요?"

처음에는 놀란 것 같은 모습이었지만 간절히 청원을 하니 매우 진지하게 대답해주었다. "연금 수첩의 성별을 바꾸지 않으면 선생님의 권리가 지켜지지 않는다는 것 잘 알겠습니다." 몇 번인가 전화로 이야기하며 논의를 되풀이하던 중, 담당관으로부터 "상사와 상담을 한 결과 바꾸기로 했습니다. 그러니 신청서를 작성해서 제출해주십시오"라는 말이 나왔다.

나는 뛸 듯이 기뻤다. 해냈다. 포기하지 않기를 잘했다! 나도 정사원이 될 수 있다고 생각했다. 신청서라고 해도 정해진 양식 같은 것은 없었기 때문에 나는 개명하려고 법원에 제출했던 상신서를 수정해, 어떠한 사정에서 연금 수첩의 성별을 바꾸려 하는지, 또 현재 상황은 어떠한 불이익이 있는지를 작성해 기명날인한 후 제출했다.

그러나 며칠이 지나도 연락이 오지 않았다. 점점 불안해져서 몇 주일 후 담당관에게 전화해보니 담당자는 정말 괴로운 듯한 목소리로 사죄의 말을 하기 시작했다. 그는 "기대하시게 만드는 말을 해서 정말 죄송합니다……" 하고는 말이 없었다.

"연금 수첩의 성별을 바꿀 수 없다는 뜻인가요?"라고 물으니 "아무래도 어려울 것 같습니다"라고 했다. 완전히 마음을 놓고 안도하고 있었고 기대가 컸던 만큼 충격이 컸다. 물론 담당자 분이 나의 권리를 지켜주기 위해 고군분투했다는 것은 믿을 수 있었지만 간단히 받아들일 수 있는 기분이 아니었다. 포기하고 눈물로 지새우는 밤이 정말 싫었다.

"제발 상사분과 직접 만나 이야기할 수 있게 해주세요. 제 모습을 보시고 같이 생각해주셨으면 합니다"라고 사정하니, "만나 뵙지 않더라도 말씀하시는 내용이 사실이라고 믿고 있습니다"라고 말하면서도, 내가 납득할 수 있도록 배려한 것인지 시간을 내서 사회보험 사무소의 회의실에서 만나주었다.

이 면회가 있기 며칠 전, 어떤 사회보험노무사 사무소에 문의를 해보니 사회 3법(건강보험, 고용보험, 연금보험)의 수속은 기본적으로 동일 인물에 대해 일괄적으로 행해야만 하는 것으로, 특정 보험에만 가입하도록 하는 수속은 기본적으로 불가능하다는 것이었다. 즉, 사회 3법 중 하나라도 걸리게 되면 모든 가입이 불가능하다는 말이었다.

담당관 면회를 한 날, 담당자는 그 자리에서 엎드려 사과하며 "만약 상부에 진정을 올리시겠다면 저도 힘을 보태겠습니다"라고 말했다. 그러나 최선을 다해 설명했는데도 쌓아온 것이 모두 무너져내린 상황에서 다시 처음부터 호소하고 사정해나갈 기분은 들지 않았다. 내가 울면서 토로했던 몇 시간 동안 담당관의 표정에서 마음속 깊이 미안해하는 것이 느껴졌다.

그에게는 아무 잘못이 없다. 그 역시 관료기구의 일원에 지나지 않는다. 나는 뭔가 죄송한 마음이 들어서 "이제 괜찮습니다. 이야기 들어주신 것만으로도 정말 감사합니다"라고 말을 맺었다. 결국 나는 그 뒤 한참 동안 정사원이 될 수 없었다.

법에서 소외된 사람들

결론은 '각하'

2001년 5월, 호적의 성별 변경을 요구하는 일제 신청이 국내 4개소 가정법원을 상대로 이루어졌다. 신청을 한 여섯 명 중 네 명은 사이타마 의과대학 종합의료센터에서 성별적합수술을 받은 사람들로, 모두 '성 동일성 장애'를 가지고 있는 사람들이었다. 국내에서 책정된 가이드라인에 따라 '공식적인 의료'를 받은 사람들이라면 성별 변경을 반드시 인정받을 수 있겠지 하는 기대감이 부풀어 올랐다.

그러나 결론은 '각하'였다. 이듬해 2002년 여름부터 명백하게 된 심판례 전부가 각하였다. 법원이 공통적으로 든 이유는 '국민 전원의 동의를 얻지 못하였음', '이는 입법으로 해결을 꾀할 문제이다'라는 것이었다.

현행 호적법에서는 '착오 또는 유루遺漏가 있는' 경우에만 정정이 인정되었다. '착오'라고 함은 잘못, '유루'라고 함은 기재를 빠트린 것을 의미했다. 따라서 '성 동일성 장애'라는 질병 개념에 따라 '치료'를 받았어도 '본래 잘못이나 빠트림이 있어서 받은 것은 아니기에 인정할 수 없다'는 판결이 난 것이다. 이는 현행의 법제도에 비추어 대응할 수 있는 법률이 없기 때문에 인정하기 어렵다는 소극론으로 결론이 도출되어버린 것이나 마찬가지였다. 국내에서 수술을 받은 '가장 좋은 조건의 사람들'이 일제히 신청하고, 언론의 주목도 받은 첫 사법 판단이었던 만큼 각하된 것에 대한 낙담이 컸다.

사람을 행복하게 하지 않는 나라

이 각하 결정은 내가 정말로 최악의 상황에 처해 있을 때 듣게 되었다. 2002년 8월, 한국에 있는 부산외국어대학의 김민규 교수님이 일본에 방문해 도쿄·일본성교육협회에서 '한국에서의 성 동일성 장애와 법'이라는 강연회를 열었을 때였다.

그때까지 일본에서는 법원이 호적법을 엄격히 해석해 성별 변경을 거의 인정하지 않았었다. 그러나 한국은 일본과 거의 같은 내용의 호적법을 가지고 있으면서도 허용례와 불허가례가 반반이라고 했다. 강연회가 있기 한 달 전에는 부산지방법원 가정지원(일본의 가정법원에 해당)에서 헌법의 행복추구권까지 언급된 획기적인 허가례도 나왔다는 소식에 내 가슴은 크게 뛰었다. 이때는 아직 지난해의 일제 신청에 대한 사법판단이 나오지 않았던 때였기 때문에 '역시 이런 결론이 나와줘야지!' 하는 마음이 한껏 강했었다.

그러나 하필 그 강연회가 막바지로 접어들 때쯤 최악의 결과가 전해진 것이다. 주최자였던 토라이 씨로부터 '각하 결정이 나왔다'라는 보고가 전해지자 회의장 안의 공기가 한 번에 가라앉았다. 나는 진심으로 크게 상심했다. 행정제도로도 안 되고 사법제도로도 일이 풀리지 않았다. 아무리 노력해보아도 문은 열리지 않았다. 열릴 것처럼 보였던 문이 굳게 닫히고 있었다. 우리는 항상 이 사회가 정해놓은 것의 바깥에 있었다. 우리는 우리의 존재를 인정하지 않는 법률과 제도에서 항상 배제되어 있었다. 분했다. 슬펐다. 그리고 한심했다. '이 나라는 사람을 행복하게 만들지 않는 나라'라는 생각과 절망의 심연에 서 있는 듯한 기분이 생생하게 들었다.

4장

호적상 성별을 바꿀 길을 열다

'성 동일성 장애인 특례법'의 성립 과정

시작된 레이스, 의원입법 통지

충격적인 '무자녀 조건'

2003년 5월 13일, 구의회 선거 당선 이후 2주일 만에 갑자기 놀랄 만한 소식이 전해졌다. 자조·지원 그룹 TNJ의 활동, 국회진정, 구의회 선거라는 고락을 함께한 노미야 아키野宮亜紀 씨가 '성 동일성 장애인'의 성별 변경에 대해 여당 내에서 의원입법 움직임이 있음을 알려온 것이다. 그리고 내가 출마하기로 결심한 것을 전후로, 2월 24일에 자민당의 '성 동일성 장애 공부회'가 2년 5개월 만에 재개되었다는 소식이 들려오는 등 그 즈음 정계에 새로운 움직임이 있다는 말들이 여기저기서 들려왔다.

자민당의 '성 동일성 장애 공부회'는 자민당의 노오노 치에코南野知惠子 참의원의 주도로 2000년 9월에 시작한 것이었다. 그 후 월 1회씩 약간명의 의원과 비서, 법무성 직원, 의사, 법학자, 성 동일성 장애인 당사자들이 모인 공부회가 개최되었다. 이 획기적인 움직임에 따라 호적상의 성별 표기를 둘러싼 어려움에 대한 법적 해결책이 모색되지 않을까 하는 성 동일성 장애인 당사자들의 기대가 높았지만, 공부회는 소규모 모임으로 3회 진행되다가 도중에 중단되어버렸고, 그 후 2년이 넘도록 아무 소식도 없이 방치되었다.

'성 동일성 장애인'의 호적상 성별 변경에 대한 그때까지의 사법판단은 거의 모든 예에서 '각하'였다. 사법당국은 '사회의 전원 합의가 없다는 것'을 이유로 들고 '그 해결을 입법에 맡겨야 할 것'이라고 반복해서 표명했다. 그러나 정작 중요한 위치에 있는 정부는 적극적인 태도를 보이지 않아 실망만 깊어져갈 뿐이었다. 2003년 2월 27일의 국회질의에서도 모리야마 마유미森山眞弓 법무대신(당시)이 '의원입법에 대한 것이라면 응원하겠다'라는 취지의 발언만 했을 뿐이었다.

그런 상황에서 날아온 의원입법 소식. 그러나 기대하는 것도 잠시, 현실은 매우 냉정했다. 법안으로 당사자들 사이에 생각지도 못했던 '분할선'이 그어졌기 때문이다. 그때까지 호적상 성별 기재의 정정 또는 변경을 인정하기 위한 특별입법의 필요성에 대해 오시마 토시유키大島俊之 씨(고베가쿠인대학 교수)가 계속해서 논하고 있었다. 오시마 씨는 성별 변경을 인정하는 조건으로, '성 동일성 장애임'을 인정한 의사의 진단을 전제로 ① 20세 이상일 것, ② 성별적합수술을 받은 상태일 것, ③ 호적을 정정하는 시점에서 미혼일 것, 이 세 가지를 들어 법률 초안을 작성했다.

지금까지 이 소위 '오시마 3조건'에 대해 당사자들로부터 조건이 지나치게 가혹하다는 목소리가 강하게 제기되고 있었고, 특히 수술을 불가결한 것으로 한 부분에 비판이 집중되었다. 왜냐하면 신체적 성별, 사회생활상의 성별에 위화감을 가진 사람들 중에서도 수술까지 필요로 하는 사람은 일부에 한정되어 있다는 것이 당사자들 사이에서 정설이었기 때문이다. 그리고 사실 수술을 희망한다고 해도 건강상의 이유와 비용의 문제 때문에 간단히 수술을 받을 수 없는 경우도 있었다.

그런데 갑자기 새로이 제시된 의원입법 골자안에 '오시마 3조건'을 기초로 해서 '현재 자녀가 없을 것'이라는 지금까지 예상하지 못했던 새로운 요건이 추가된 것이다. 그것이 지금까지 계속 이어지고 있는 과제인 소위 '자녀 없음 요건'이다.

자녀를 가진 당사자를 일률적으로 배제하는 이 조항을 앞에 두고 떠오른 것은, 말 그대로 이 조건에 해당하는 친구의 얼굴이었다. 그 외에 현실 사회에 맞춘 삶의 방식을 모색해 결과적으로 가족(그리고 아이)을 갖게 된 당사자들도 결코 적지 않았다. '자녀 없음 조건은 무조건 반대해야 한다.' 그것이 우리가 그날 밤 나눈 이야기의 큰 방향이었다.

"당선 축하드립니다!"

우리는 이 전화를 받은 직후부터 국회 안의 현황을 알기 위한 조사를 개시했다. 구의회 선거 이전에 알게 된 정치가와 그 관계자, 구의회 선거를 통해 알게 된 정당 관계자, 법학자 등을 만나 입법을 둘러싼 동향을 될 수 있는 한 많이 파악하려고 애썼다. 구의회 선거 당선 직후, 면담의 기회를 가진 여당의 일부 의원을 포함해 각 방면의 정보를 통합해보니 의원입법에 뜻이 있는 여당 의원이 열심히 준비하고는 있었지만, 법안의 성립 여부를 쥐고 있는 중요한 자민당 내에서는 이 문제에 대한 이해도, 전원 합의도 없어서 매우 어려운 상황이었다.

5월 16일, 더욱 자세한 상황을 알아보기 위해 나는 중의원, 참의원의 의원회관을 당선 후 인사라는 명목으로 방문했다. 생각해보니 이에니시 사토루 씨의 말을 들은 것은 불과 4개월 전이었다. 구의회 선거의 선거전을 끝내고 오랜만에 나가타초를 방문했다가 나에 대한 대접이 완전히 바뀐 것을 보고 크게 놀랐다. 출마 전의 나는 무명의 민원 진정인일 뿐이었지만 구의회 출마와 당선에 관한 쏟아지듯 많은 보도 때문이었을까, 의원회관에서는 자기소개를 하지 않아도 많은 분들이 알아봐주었고 가는 곳마다 '당선 축하드립니다!'라는 인사말을 건네주었다. 개중에는 면식이 전혀 없는 분들도 있었다.

선거 때 응원의 말들을 해주셨던 의원님의 사무소를 방문하니 모두 따뜻하게 환영해주었다. 다들 수상한 시선으로 바라보고 만나주는 사람도 많지 않았던 선거 전과는 너무나도 다른 분위기에 솔직히 질릴 것 같은 기분도 들었지만, 덕분에 자민당, 민주당, 공명당, 자유당, 사민당, 공산당, 녹색회의당의 의원사무소를 방문할 수 있었다. 그리고 이날 얻은 정보는 그 후 다시 '아야센'에 집결되어 입법 활동을 준비하고 실시해나가는데 기초가 되었다.

주변의 몰이해와 편견에 맞서

특례법 성립 후, 노오노 치에코 참의원의 감수로 2004년에 출간된『[해설] 성 동일성 장애인 성별취급 특례법[解説] 性同一性障害者性別取扱特例法』에 의하면 의원입법은 간략하게 다음과 같이 이루어졌다.

2월 24일, 활동을 재개한 자민당의 '성 동일성 장애 공부회' 는 그 후에도 3월 10일, 18일 차례로 개최되었다.

5월 9일, 자민당의 의원입법추진위원회에 법률안의 골자안 이 제시되어 '일단의 양해를 얻음과 동시에 여당으로서 입법을 추진할 것'이 결정되었다.

5월 13일, 여당 정책책임자회의의 납득 및 승낙을 얻어 '여 당 성 동일성 장애에 관한 프로젝트팀'이 결성되었다. (이날이 되어서야 겨우 우리에게 골자안의 정보가 제공되었다.)

5월 19일, 제1회 프로젝트팀 회의가 개최되어 골자안의 내 용이 매스컴을 통해 세상에 알려지게 되었다. 그리고 그 법안 요건, 특히 '자녀 없음 요건'을 둘러싸고 트랜스젠더 당사자 커 뮤니티에서는 벌집을 건드린 것처럼 큰 소동이 일어났다. 많 은 당사자들이 '오시마 3요건'에도 포함되어 있지 않은 '자녀 없음 조건'을 집중적으로 비판했다. 이 논란으로 이제까지의 '수술 요건'에 대한 비판마저 완전히 자취를 감추었고, 다수가 법률안에서 '자녀 없음 요건'을 무조건 삭제할 것을 요구했다.

그러나 5월 23일에 열린 여당 프로젝트팀 회의에서는 '자녀 없음 요건'을 포함한 네 가지 요건으로 법안 성립을 목표한다 는 연립 여당 내의 합의가 확정되고 말았다.

그 후 당사자들로부터 '이미 자녀를 두고 있는 성 동일성 장애인이 다수 존재한다', '(구제의) 대상에서 제외하지 않았으면 한다'라는 요청이 들어왔다. 이에 대해 의원 측은 3년 후에 재검토 대상으로 삼겠다는 말로 당사자들의 이해를 구하고 골자 안에 따르는 형태로, 이번 국회에서의 법안 성립을 목표하고자 한다는 생각을 내비쳤다.

　　－≪공명신문公明新聞≫ 2003년 5월 24일 자. 괄호 안은 필자주

이는 5월 16일에 실시한 조사 결과로 얻을 수 있었던 '프로젝트팀 내의 의사통일은 강고하다'라는 인상과 합치하는 결과였다. 한편 우리가 방문한 민주당, 자유당, 공산당, 사민당, 녹색회의당의 각 의원은 모두 이전부터 '성 동일성 장애인'의 성별 변경에 관심을 가져준 분들이었지만, 어느 누구 하나 이번 의원입법에 대한 이야기를 들은 사람은 없었다.

우리는 여당 프로젝트팀 관계자로부터 입법에 중요한 역할을 할 자민당 내의 모습에 대해 전해 듣고 솔직히 정신이 아찔해지는 기분이었다. 이 법안의 발의자인 노오노 씨는 정력적으로 여당 프로젝트팀의 생각을 당내에 설득하며 여러 사람을 만났다고 한다.

그러나 의원 중에는 '오카마인지 뭔지 정체도 잘 모르는 것

들을……'이라는 취지의 말을 하며 말조차 들어주지 않는 사람들이 적지 않았다고 한다. 결국 대다수의 자민당 의원이 당내에 의원입법의 움직임이 있다는 것을 알고 있기는커녕, 처음부터 '성 동일성 장애'라는 것이 무엇인지조차 이해하지 못하고 있었던 것이다. 사민당 법무부회의 멤버인 의원 중 한 사람은 '노오노 선생님도 수고하고 계신다'라는 상황을 설명하고 내 앞에서 시선을 아래로 떨구었다. 그날 노오노 씨에게 당내의 현재 상황을 여쭈어보았으나 '(전원 합의를 얻기 위해) 노력하고 있습니다……'라는 대답만 들을 수 있을 뿐이었다.

당시 당내의 몰이해와 편견, 그리고 그런 와중에 전원 합의를 얻어야 하는 어려움은 여당 프로젝트팀 멤버의 한 사람이었던 하세히로시馳浩 중의원 의원이 당시 웹에 개재한 일기에서도 살펴볼 수 있었다.

법무부회에서 '성 동일성 장애인의 성 결정에 관한 특례법안 · 골자안'을 처음으로 내보였다. 여전히 오해도 있는 것 같다. '동성애자의 결혼을 인정해야 하는가'라든지 '성별을 왔다 갔다 하는 것이 좋다는 것인가'라든지 '오카마나 호모, 레즈 같은 사람들의 취향 문제에 그렇게까지 법적 배려가 필요한가'라는 의견이 아직도 나오고 있으니 말이다.

'성 동일성 장애인'에 대한 편견, 차별이 아직도 뿌리 깊은 것이거나 지식이 부족한 것이리라. 법안이 확정될 때까지 다음 주 전반에 다시 한 번 공부회를 열어서 사람들의 이해도를 높이겠다.

— 2003년 5월 21일 '하세일기'

여당 프로젝트팀이 회기 말인 6월 18일까지 의원입법을 성립시키겠다는 방침을 확정한 한편, 당내 논의 그 자체가 완전히 그 시점에서 다시 시작하는 상황이었다. 국회의 회기 말인 6월 18일까지 한 달이 채 남지 않은 상황에서 정말 모든 것이 이제 막 시작된 것에 불과했다.

국회의 룰

당내 심사

다시 결집한 '아야센' 멤버가 제일 먼저 목표한 것은 국회의 입법 과정과 이를 둘러싼 나가타초 특유의 사정에 관한 지식을 공유하고 이해하는 것이었다. 상대방을 알지 못하고 이해하지 않는 한 전략도 세울 수 없기 때문이다.

입법 과정이라는 말을 듣고 TV에서 중계되는 국회 본회장의 광경이 생각났을 것이다. 그러나 실제로 많은 법률안이 국회의 장에 등장하기 전에, 우리 일반인들에게 생소한 장소에서 이미 성립 여부가 거의 결정된다고 해도 과언이 아니다.

그렇다면 어디에서 결정되는 걸까? 공식 입법 과정을 보면 우선 중의원과 참의원의 상임위원회에서 법안을 심사 · 가결한 뒤, 본회의에 상정해 성립 여부를 결정한다. 이 순서를 양원에서 밟게 되는데 이에 앞서 압도적인 영향력을 가지는 것이 여당 자민당의 당내 심사인 것이다.

자민당 홈페이지에 올라온 당의 '기구도'에 따르면, 우선 각 정부기관인 성省과 청廳의 소관 사항에 대응하는 형태로 설치된 정무조사회政務調査會의 각종 부회에서 법안에 관한 논의가 개시된다. 성 동일성 장애 특례법의 경우 '호적'이 법무부 소관 사항이었기 때문에 법무부회가 논의의 장이 되었다. 여기에서 전원 합의를 얻지 못하면 그다음 단계인 정조심사회政調審査會에서 다시 논의하고, 그 후 최종 단계로서 당의 최고의사결정 기관인 총무회가 마지막으로 검토한다.

이때 중요한 것은 어느 단계에서든 소속위원의 전원 일치가 원칙이라는 것이다. 각 회의의 채결석상에서 단 한 명의 소속위원이 난색을 표하기만 해도 법안이 사장되어 잊힐 수도 있었다. 3단계에 걸친 관문, 그리고 자민당 내에서도 '잔소리꾼'으로 불리는 장로들이 버티고 있는 총무회……. 냉정히 생각해보면 자민당 내에서 이 3단계에 걸쳐 여당 프로젝트팀의 골자 안에 대한 동의를 얻어내는 것도 엄청난 어려움이 동반된 일이었다.

자민당 내에서도 보수적인 생각을 가진 의원들은 부부별성夫婦別姓을 한정적으로 인정하는 민법개정안마저도 계속해서 당내 심사 단계에서 사장시켜온 바 있다. 그들에게 '호적'은 신성 불가침한 것이며 '가족 가치'의 원점이었다. 그러한 사람들에게 '성 동일성 장애'와 '동성애'가 똑같지 않다는 것과 마음과 몸의 불일치가 취향 수준의 문제가 아니라는 것을 이해시켜야만 했다. 그리고 그런 전제하에 '성별 변경'에 대해 이해를 얻는 형태로 일을 진행해야만 했다. 게다가 '몇 주 이내에', '한 명도 빼놓지 않고'라는 조건도 있었다. 이런 상황 속에서 요건 내용에 대해 이러쿵저러쿵 비판하기 시작하면, 그로부터 끌어낼 수 있는 결과는 불 보듯 뻔했다. 요건 삭제는커녕 골자안도 함께 파기되어버릴 것이 분명했다.

각 당의 움직임

또 하나 생각해야 했던 것은 자민당 외의 각 당의 움직임이었다. 당시 집권 여당을 구성한 세 개의 정당(자민당, 공명당, 보수신당)에서는 골자안에 제시된 네 가지 요건에 합의한다는 표명이 계속해서 나오고 있었다. 야당인 민주당, 자유당, 사민당, 공산당, 녹색회의당에서도 성별 변경을 인정하는 입법에 대해 반대하는 목소리가 전혀 들려오지 않고 있었다. 오히려 야당 측에서는 당초부터 "'자녀 없음 요건'은 불필요하지 않은가"라는 의견이 있었고, '제시된 메뉴를 그대로 받아먹을 수는 없다'

라며 여당안에 대해 대안을 내세우자는 의견까지 시사되는 상황이었다.

그러나 우리는 특례법의 요건을 둘러싸고 사태가 '여당 대 야당'의 구도로 빠지는 것만은 피해야 한다고 생각했다. 만약 그렇게 될 경우 향후 당분간 새로운 법안의 성립이 절망적이 될 것이라고 보았기 때문이다.

앞서 말했듯이 법률의 제정·개폐는 최종적으로 국회 본회의 채결로 결정되지만, 그 이전의 실질적인 심사는 중의원과 참의원 양원의 각 위원회에서 행해진다. 위원회는 다시 상임위원회와 특별위원회로 나뉘고, 특례법의 경우 중의원과 참의원 각각의 상임위원회인 법무위원회에서 심의를 거친다. 또한 위원회의 인원이 정해져 있고, 국회의 의석 배분에 따라 각 당에서 위원이 참가한다. 그래서 위원회의 결정에는 각 당의 '의사'가 반영된다. 즉, 위원회의 결정이 기본적으로 본회의의 결정이 되는 것이다. 따라서 심의의 가장 큰 고비는 이 '위원회'가 되는 셈이었다. 그렇다면 특례법을 둘러싸고 위원회가 '여당 대 야당'의 구도로 빠져버릴 경우 상황은 어떻게 전개될까? 생각할 수 있는 가능성은 세 가지였다.

첫째, 강행채결. 그러나 당시 이렇게 될 가능성은 극히 희박했다. 프로젝트팀 멤버를 제외한 대다수 의원이 특례법에 큰

관심이 없었기 때문이다. 강행채결할 만큼 의원들이 특례법에
가치를 두고 있지 않음은 명백했다.

둘째, 계속심의. '자녀 없음 요건'을 둘러싸고 여야 간 의견
이 나뉘는 경우이다. 계속심의는 종종 기약 없는 '보류'를 의미
한다. 통상적으로는 특단의 정세변화라도 발생하지 않는 한
논의 자체가 언제 부활할지 알 수 없다. 논의한다 해도 다시
의견이 갈라져버리고 마는 상황이 필연적일 수밖에 없기 때문
이다.

셋째, 자동폐안. 여야 간 논의 후 의견이 갈라져 심의 미료
안건인 채로 시간이 흘러 심의 기한이 지나버리는 경우다. 그
해 몇 개월 뒤 가을에는 중의원 선거가 예정되어 있었고, 또 다
음 해 여름에는 참의원 선거가 예정되어 있었다. 선거 후 의원
이 바뀌어버리게 되면 이 문제를 이해하는 사람을 처음부터 다
시 만들어나가야만 했다. 다시 의원입법의 분위기와 움직임,
여론의 관심이 높아질 수 있을지도 완전히 미지수였다.

즉, 자민당 의원에게 '자녀 없음 요건'을 삭제해달라고 요구
하게 되면 당내 심사는 기본적으로 좌절되고 만다. 그리고 또
다른 당이 '자녀 없음 요건'에 반대할 경우, 법무위원회의 심사
과정에서 통과되지 않을 것이다. 그렇게 되어 요건의 내용까
지 따져 들어 문제 삼게 된다면, 결국 어느 쪽이 되든 절망적인

결과만 초래될 가능성이 높다. '자녀 없음 요건'의 삭제는커녕 누구 한 사람도 구제하지 못하고 의원입법의 움직임 그 자체가 없어지게 되기 때문이다. 그래도 '자녀 없음 요건' 반대에 집착하는 데 어떤 의미를 찾는다면 '해야 할 말을 했다'라는 텅 빈 자기만족뿐이지 않을까.

트랜스젠더 당사자들 사이에서는 '왜 그렇게 논의를 서두르는가'라는 의문과 비판의 목소리도 있었다. 앞서 살펴본 것처럼 국회의 룰이 복잡하다는 것을 모르는 순진한 당사자의 입장에서 보면 정말 당연한 의견이라고 생각한다.

그러나 우리가 당초 내세웠던 '자녀 없음 요건 삭제'라는 방침은 국회의 실상을 알면 알수록 다시 생각할 수밖에 없는 것이었다. 신중히 이야기해나간 끝에 '여당안을 지지할 수밖에 없다'는 결론이 나왔다. 여당 의원에게는 '야당안에 대한 이해와 승낙을 부탁드립니다'라고 하고, 야당 의원에게는 '반대하지 말아주십시오. 의견은 법안이 무산되지 않는 범위 내에서 말씀해주셨으면 합니다'라고 부탁하는 것이 현실적이고 유일한 선택지였다. '이상'과 '현실' 사이에서 우리는 고통스럽고 쓴 결단을 내릴 수밖에 없었다.

특례법이 성립되다

고통스럽고 쓴 결단

우리의 솔직한 심정은 '이런 요건은 잘못되었다'라는 것이었다. 그러나 이번 의원입법이 무산된다면, 앞으로도 우리 당사자들 전원이 사회제도의 테두리 밖에 머무르는 것 외에는 아무것도 할 수 없는 것과 마찬가지였다.

이상理想을 말하기는 쉽다. 평론가라면 그걸로 아무 문제없을지도 모른다. 한정된 시간 안에 내린 고통스럽고 쓴 결단. 우리는 특례법 성립을 우선시하되 골자안에 있는 '부칙'을 사수해내기로 했다. 부칙에는 다음과 같은 내용이 있었다.

성별 취급의 변경심판청구를 할 수 있는 성 동일성 장애인의 범위 및 그 외 성별 취급의 변경심판제도에 대해, 이 법률의 시행 후 3년을 기준으로 하여 법률의 시행 상황, 성 동일성 장애인 등을 둘러싼 사회적 환경의 변화 등을 감안해 검토를 추가하고, 필요하다고 인정될 때는 그 결과에 근거하여 소요의 조치를 강구한다.

— 성 동일성 장애인의 성별 취급 특례에 관한 법률부칙 제2조

제정 후 법률의 '재검토 가능성'을 담보하는 방법으로는 '부대결의附帶決議'라는 것이 자주 거론된다. 이는 법률안에 덧붙여 '소관행정기관에 대한 요망' 및 '운용상의 주의점' 등을 내용으로 하는 결의를 위원회가 행하는 것이다. 그러나 좀 더 효력이 강한 것은 부칙을 두는 것이다. 물론 부칙이 장래의 확실한 법개정을 약속하는 것은 아니지만, 이대로 끝내지 않고 재검토하겠다는 것을 법률에 직접 명시한다는 점에서도 커다란 의미가 있었다.

여당 프로젝트팀의 골자안이 우리 마음에 완전히 든 것은 아니었다. 어디까지나 우리가 그 시점에서 취할 수 있었던 최선의 방책으로서 골자안을 지지하는 것에 지나지 않았다. 그래서 우리는 국회에 로비를 할 때마다 '부칙의 견지'를 거듭 주장했고, 법률의 성립을 최우선으로 한다는 방침하에 효과적으로 대응할 수 있도록 전략을 굳혔다.

먼저 자민당을 설득하기 위해 앞에서 들었던 ① 법무부회,

② 정조심사회, ③ 총무회의 순서로 끈질기게 한 명 한 명의 소속 위원을 설득했다. '자민당의 노오노 치에코 의원이 선두에 서서……' 또는 '의원입법을 목표로 여당 3당에서 프로젝트팀이 만들어져서……'라고 일일이 설명하며 자민당과 여당의 주도로 이루어지는 일임을 강조했다. 그리고 '5분이라도 10분이라도 괜찮습니다. 잠깐 시간 좀 내주십시오'라고 열의를 담아 약속을 잡기 위해 노력했다.

또 프로젝트팀 멤버 다수가 직접 수화기를 들고 사전 작업에 나섰다. 개중에는 "같이 가드릴까요?"라며 다른 의원의 사무실로 데려다준 분도 있어서 정말 감사함에 머리가 절로 숙여졌다. 그동안 협조적이었던 의원, 우리 편이 되어줄 것 같은 의원들에게 부탁해 할 수 있는 한 그분들의 도움과 소개를 받아 진행한 결과, 지금까지 만날 수 없었던 의원들도 만날 수 있었다. 또 만나주겠다는 말을 했어도 왠지 반응이 신통치 않았던 의원들의 반응을 긍정적으로 바꿔놓기도 했다. 프로젝트팀 멤버들의 열정적인 활동과 당사자 측의 노력으로 우리 편이 되어줄 것 같은 의원이 점점 많아졌다.

우리는 그와 병행해 야당에 대해서도 정력적으로 활동을 전개해나갔다. 우리의 기본 방침은 부칙의 견지, 그리고 여당안에 대한 찬동을 당의 방침으로 결정해달라는 것이었다. 아무리 훌륭한 대안이 제출되더라도 법무위원회에서 의견이 갈리면 그림의 떡으로 끝나고 만다. 그렇게 되면 아무런 결실도 얻지 못하게 된다는 데 야당 의원들도 동의하는 바였다. 물론 성립된 후에 재검토해달라는 말도 잊지 않고 전했다. 그 결과 이 법안을 여야 간의 정쟁 도구로 삼아서는 안 된다고 이해해주는 의원들이 많아져 정말 다행이었다.

이러한 로비 활동뿐 아니라 언론에 대한 대응 작업도 끈질기게 지속해나갔다. 우리 주위에는 과거 수년에 걸쳐 이 문제를 취재해온 기자, 나의 선거전을 통해 공감을 표해준 언론계 지인들이 있었다. 의원의 관심을 높이는 데 미디어가 한 역할은 매우 컸다.

대부분의 입법 운동에서는 국회와 대중매체를 연결하는 효과적인 방법으로 '원내집회'가 이용되어왔다. 국회의원회관의 회의실을 빌려서 회견을 열고, 실제 움직임이 있다는 걸 보여주면서 미디어와 의원의 참가를 적극 유도하는 것이다. 실제로 주변에서 열리는 회견을 보고 화제성이 있다고 판단해 참여를 결정하는 의원들도 적지 않았다.

우리는 5월 27일과 특례법이 성립한 7월 10일에 원내집회를 열었다. 5월 27일에는 법이 성립되도록 다방면에서 폭넓게 협력을 요청할 것을, 7월 10일에는 특례법 성립 후에 남은 문제점을 널리 알리는 것을 목표로 했다. 많은 보도관계자들이 최대한 지원사격해주었고 입수한 정보를 제공해주는 관계자도 있었다. 모두가 법안 성립까지의 과정을 주시하고 협력해준 것에 진심으로 감사하고 있다.

우리는 5월 29일에 사민당, 6월 3일에 자유당, 6월 9일에 공산당 법무부회의 회의에 참가했다. 각각의 회의가 그 당 내에서 의견집약의 장으로서 위치를 가지고 있었고 여야의 대립을 거의 확실하게 피할 수 있을 것으로 예상되었다.

우리는 계속해서 참의원 법무위원회의 위원을 한 명 한 명 만나고 다니며 법무위원장에게 채택을 일임하도록 설득했다. 실질심의가 없는 '위원장채택'은 법안 승인까지의 시간을 가장 절약할 수 있는 방법이었다. '위원장채택'을 목표로 한 것은 각당의 대표자로 구성된 법무위원회에서 논의가 갈릴 경우, 곧바로 회기 만료가 다가오기 때문이었다.

6월 10일에 자민당의 법무부회가 법안을 승인했다. 같은 달 12일, 13일에 각각 정조심사회와 총무회의 승인을 얻어내는 데도 성공했으나, 그 후 소위 '이라크 특별조치법'을 둘러싼 국회 분규가 일어나면서 여야 간의 대립이 깊어지는 바람에 특례법도 심의에 들어가지 못하는 상태가 지속되었다. 그때는 정말로 간담이 서늘했다.

6월 17일, 여당 3당은 강행체결을 통해 40일간의 회기 연장을 결정했다. 만일 회기가 연장되지 않았다면 특례법이 자동 폐안 될 수도 있는 위험한 상황이었다.

7월 1일, 참의원 법무위원회는 '성 동일성 장애인의 성별 취급 특례에 관한 법률안'을 동 위원회 제출 법안으로 할 것을 만장일치로 결정했다. 법안은 이틀 후 참의원 본회의에서도 만장일치로 가결되어 중의원에 제출되었다.

7월 9일, 중의원 법무위원회를 통과했다. 이 과정에서도 질의나 토론 없이 위원장채택으로 결정되었으나 이후 법무위원장은 법 개정에 대해 다음과 같은 이례적인 발언을 했다.

방금 가결한 성 동일성 장애인의 성별 취급 특례에 관한 법률안에 대해 위원회를 대표해 발언하겠습니다. 본 법률안은 성별 취급의 변경심판청구를 하는 것이 가능한 성 동일성 장애인의 범위 등에 대해 법률 시행 후 3년을 기점으로 검토 등을 행할 것으로 되어 있습니다. 당 위원회로서는 성 동일성 장애인이 안고 있는 여러 가지 문제를 개선하는 데 계속해서 노력해갈 것을 표명하는 바입니다.

— 제156회 국회중의원 법무위원회의 의사록 제31호 2003년 7월 9일

다음 날 10일, 본회의에 법안이 상정되었다. 나는 물론이고 지금까지 진정을 위해 함께 애써온 친구들도 오후 1시부터 시작되는 중의원 본회의를 방청하기 위해 국회를 방문했다. 멀리 떨어진 의원 방청석에 이번 의원 입법에 진력을 다해주신 노오노 씨의 모습이 보였다.

1시 25분, 곧 표결에 부쳐지게 된다. 반대자가 한 명도 없어야만 가능한 간이 채결이다. 의장의 "반대 의견 없으십니까"라는 물음에 회장 안에 "이의 없습니다"라는 목소리가 울렸다. 너무도 간단하게 특례법이 성립되었다.

법률이 성립한 국회의사당의 복도에서 나는 구의원 선거 때부터 지금까지 줄곧 함께 지내온 동료들에게 말을 건넸다. "정말 수고했어, 드디어 성립됐네……." 그 순간, 동료의 마음속에서는 수개월 동안 팽팽히 당겨져 있던 끈이 툭 하고 끊어진 듯했다. 그 자리에서 엉엉 우는 여자 동료의 어깨를 감싸 안으며 내 눈에서도 눈물이 흘러나왔다.

'거물 인사'와의 만남

'성 동일성 장애인 특례법'은 중의원에서 참의원으로 가는 통상적인 패턴과는 반대로, 참의원에서 먼저 심의가 시작되었다. 여기까지 오는 동안 많은 의원들을 만났지만 돌이켜보았을 때 최대의 고비는 당시 아오키 미키오青木幹雄 참의원 자민당 간사장(2007년에는 참의원 자민당 의원 회장)과의 면담이 아니었나 싶다. 당시 아오키 씨는 참의원의 '바른 말 사나이'로 인정받고 있어서 '아오키 씨가 찬성하면 전체가 찬성으로 흘러간다'라는 이야기를 자주 듣곤 했다.

그 사실을 알게 된 나는 '어떻게 해서든 아오키 의원님과 한 번 만나야겠다'라고 생각했다. 그러나 어떻게 하면 만날 수 있을지 알 수 없었다. 국회의원에게 부탁해보았지만 다리를 놓아주는 사람은 좀처럼 찾을 수 없었다.

그런 때에 도움을 준 사람이 바로, 내가 구의회 의원 선거에 나갈 수 있도록 추천해준 당시 녹색회의당 참의원의 나카무라 아쓰오中村敦夫 의원이었다. 그는 우리의 청원에 응하여 참의원 본회의 쉬는 시간에 슬쩍 아오키 씨에게 다가가 말을 걸고는 나와의 면담약속을 잡아주었다. 아오키 씨와의 면담에 대해 나는 일기에 다음과 같이 적었다.

예정된 면담 시간은 5분에서 10분 정도. 나카무라 의원과 사무소 비서의 안내를 받아 국회 안의 빨간 융단 위를 걸었다. TV에서 자주 보았던, 천장이 쓸데없이 높은 통로가 보였고 양

옆에는 TV에서 보아 익숙한 중후한 문이 늘어서 있었다.

참의원 자민당 간사장실은 세 개의 공간으로 이루어져 있었다. 먼저 여럿이서 파티를 열 수 있을 것 같은 방을 지나니 비서실로 보이는 화려한 구조의 방이 나왔고, 이를 통과하니 최종적으로 아오키 참의원 간사장이 있는 가장 안쪽 깊숙한 방이 나왔다. 그때 너무 긴장한 데다 말할 내용에 집중해서 그런지, 그 방의 모습이 어땠는지 잘 기억나지 않는다……(쓴웃음).

나카무라 아쓰오 의원, 노오노 치에코 의원이 동석해주신 자리에서 간결하게 법안 성립을 위한 조정에 힘을 보태달라고 부탁드렸다. 요건에 대해서는 향후 더욱 당사자의 시점에 서는 방향을 희망하고 있다는 뜻을 전했다. 법안성립을 위한 여당 내 조정에 대해서 "걱정 마십시오"라는 보증에 가까운 말씀을 해주셨고, 향후 흐름에 대해서도 "저도 협력하겠습니다"라는 감사한 말씀을 해주셨다! 오오…… 감, 감사합니다!

'벼는 익을수록 고개를 숙인다.'

거물일수록 정중한 태도를 취한다는 것을 이야기하는 속담이다. 구의원 병아리인 나에게도 정중한 태도와 부드러운 대응을 해주신 것에 그저 송구스러운 마음뿐이다. 음, 역시 보고 배워야겠다…….

— 2003년 5월 28일 '아야류! 한 번의 소중한 만남 일기'

아오키 의원과의 면담을 마치고 의사당 안에 있는 식당에서 차를 마셨다. 나카무라 씨는 "협력하신다고 하셨잖아요. 그럼 괜찮은 거예요"라고 말했다. 그날 밤, 자민당의 프로젝트팀 멤버에게 인사를 하러 가니 "아오키 씨랑 만난 건 정말 잘하신 거예요"라고 만면에 웃음을 띠고 맞이해주었다.

실제로 아오키 의원의 영향력은 대단했다. 면담 후 '아오키 의원이 찬성했다'라는 이야기가 흘러나오자 그때까지 아무리 열심히 설명해도 관심을 보이지 않았던 의원, 난색을 표했던 의원들이 눈사태 때 일시에 눈이 쏟아지듯 입장을 바꿨다.

특례법 성립 후, 어느 연구회에 참가했을 때 한 저명한 법철학자는 이 이야기에 대해 다음과 같은 코멘트를 남겼다.

"짚어야 할 포인트를 확실하게 짚었다고 봅니다. 어떤 의미에서 당연한 일을 당연하게 하고 있는 것뿐이라고 말할 수 있겠지만, 잘 추진했기 때문에 성공한 것이겠지요."

이해를 위한 열쇠,
그동안 만난 국회의원들의 이모저모

2002년 말, 국회를 상대로 한 진정 활동이 본격화되고 2003년 7월 특례법이 성립될 때까지, 우리는 국회의 모든 모임과

파벌에 관련된 의원 100여 명과 실제 만남을 가졌다. 이 중 입후보 전에 만날 수 있었던 의원은 약 20명으로 그중 충분한 시간을 할애해주고 이해를 보여준 분들은 절반 이하였다. 현실에서는 의원회관에서의 대부분의 시간을 사무소 문을 두드리는 데, 또 응대하러 나온 비서분과 1~2분간 서서 이야기하고 자료를 건네는 데 할애했다.

우리는 향후 다시 방문할 거리를 만들고자 응대해준 비서에게 "명함을 받을 수 있을까요?" 하고 물어보았지만 그마저도 거부하는 사무소가 많았다. 우리가 전한 자료를 대체 몇 명이나 되는 의원이 직접 읽어주었을까? 그 효과는 솔직히 매우 의문스럽다.

또 실제로 의원 본인을 만날 수 있었다 하더라도 그 만남에서 얻은 느낌은 대부분 그다지 좋다고 말하기 어려웠다. 어떤 의원은 "아이고 그냥, 너무 놀라워서……"라고 말해 제대로 말을 잇지도 못하고 면담이 끝나기도 했다. 또 다른 의원은 "이제부터 좀 공부해보겠습니다"라는 한마디로 끝내버리기도 했다. 힘든 상황을 전하고 돌아갈 때, 어떤 의원이 건넨 "힘내세요"라는 말에는 아무래도 위화감을 씻어낼 수 없었다.

'이 이상, 뭐 어떻게 더 힘을 내라는 거지? 결국 남의 일이라는 거지……'라고 생각했다. 말뿐인 응원이라면 필요 없었다.

우리는 의원들에게 힘을 빌려달라고 부탁하기 위해 움직이고 있는 것이었다.

한편 내가 출마의사를 굳히게 되는 데 결정적인 한마디를 건넨 민주당의 이에니시 사토루 의원은 두 시간 반에 걸쳐 시간을 내주었다. 그는 우리들 한 사람 한 사람의 서툰 설명에도 진지하게 귀를 기울여주고, 자신의 체험에 근거해 우리가 '이제부터 어떻게 해나가야 할지' 생각하는 데 많은 힌트를 주었다. 이에니시 씨가 우리를 배웅할 때 던진 한마디는 "시간은 좀 걸릴지도 모르지만 같이 힘냅시다"였다. '같이 힘내서 노력해주신다니!'라는 생각에 순수하게 기뻤다.

사민당의 후쿠시마 미즈호福島みずほ 의원은 "최근에 찬성하고 싶지 않은 법률이 많았는데 오랜만에 찬성하고 싶은 법률이 나왔네요" 하고 쓴웃음을 지어 보이고는, 쓸데없이 정치 놀음의 흥정 도구가 되지 않도록 여당안에 합의할 것을 약속해주었다. "그 후의 개정도 같이 노력해서 힘냅시다"라는 말과 함께 말이다. 특례법이 성립된 후에는 자민당의 고토 히로코後藤博子 의원(2007년 당시 국민신당)이 눈물을 흘리며 "정말 잘됐어요"라고 진심으로 기뻐해주었던 것이 인상 깊게 남아 있다.

작은 한마디로 피어나는 희망. 의원들도 가지각색이었다. 정치가로서 '성 동일성 장애'의 문제에 가장 먼저 관심을 가지고 일에 착수하면서 여당 프로젝트팀의 좌장으로서 법률 작성을 이끈 노오노 씨는 특례법의 성립 과정을 이렇게 회고했다.

난항도 예상되었던 법률안이 최종적으로 이례적인 스피드로 성립된 것에 정말로 감개무량했다. 특히 처음에 성 동일성 장애의 문제에 대한 이해를 부탁했을 때 "뭐야, 오카마, 오나베 おなべ* 얘기냐" 하는 반응이 많았던 것을 생각하면, 입법의 기운이 빠른 속도로 달아올라 순풍에 떠밀리듯 순탄하게 법률 제정에까지 이른 것은 정말 행운이다. 특히 여당 의원입법은, 한 번 제출해서 성립되지 않으면 그 후에는 제출하기 꽤 어려운 상황이 되기도 했고, 논의도 여러 가지여서 적잖이 부담이 되었는데, 쉽지 않은 작업이었는데도 제출 타이밍을 계산해가면서 성립 때까지 잘 이끌어온 것을 보면, 정말로 시기가 우리 편이 되어주었다는 생각이 든다.
　　　　　　　 — 『[해설] 성 동일성 장애인 성별취급 특례법』

---

* 오나베는 남장을 하고 남성스러운 행동을 하는 여자를 말한다. _옮긴이

아직 남아 있는 과제

우리가 바라는 개선점

2003년 7월 10일, '성 동일성 장애인 특례법'이 성립되고, 공포한 지 1년이 경과한 2004년 7월 16일에 처음으로 시행되었다. 그 뒤부터 2005년 말까지, 약 1년 5개월의 시간 동안 특례법에 근거해 성별 변경을 허가받은 사람은 326명에 달했다.

성립되기 전인 2003년 6월에는 최고법원에 의해 각하되었던 '성 동일성 장애인'의 호적 성별 변경에 길이 열리는 획기적인 변화가 있었다. 물론 현행 특례법이 그저 손 놓고 기뻐할 수 있는 내용의 것이라고는 할 수 없다. 앞서 말했듯이 법에 근거한 '선 긋기'가 예상을 넘어서는 수준으로 엄격했다는 데 당사자들은 뭔가 찝찝한 기분을 느껴야 했다. 과제는 지금도 여전히 산적해 있다고 해야 할 것이다.

법률에는 성별 변경의 요건으로서 ① 두 명 이상의 의사에게 성 동일성 장애 진단을 받을 것, ② 20세 이상일 것, ③ 현재 혼인한 상태가 아닐 것, ④ 현재 자녀를 두고 있지 않을 것, ⑤ 처음부터 또는 수술 등의 처치에 의해 생식 기능이 없을 것, ⑥ 되기를 희망하는 성과 외형상 비슷한 성기를 가질 것 등의 엄격한 요건이 명시되어 있으나 이 조건을 모두 만족하는 당사자는 일부에 지나지 않는다. 시행 후 3년을 기점으로 요건을 재검토하겠다는 것이 명문화되어 있기는 하지만, 앞으로 꼭 다음과 같은 개선이 이루어졌으면 하는 바람이다.

첫째, 자녀를 가진 당사자를 일률적으로 배제하지 않았으면 한다. '성 동일성 장애'라는 개념이 일본에 알려지게 된 것은 1996년 7월, 사이타마 의과대학이 공식적으로 '성전환 수술'을 검토하고 있다는 보도가 나온 다음부터다. 그때까지 사회의 차별 속에서 자신의 신체적 성별에 어떻게 해서든 맞춰 살아보려고 노력해온 당사자들도 많다. 그래서 결혼해 아이를 낳은 사람들도 적지 않다.

아이를 낳았다는 사실은 노력으로 바꿀 수 있는 것이 아니다. 성별 변경을 인정했을 때 부모자식 관계와 가족 질서가 흐트러지고 결과적으로 아이들의 복지에도 영향을 미치게 된다는 의견은 아직도 뿌리 깊지만, 실제로 가족이 성별 변경을 받아들이는 경우도 있다. 부모가 호르몬요법 등의 치료를 받으면서 외양이 변할 뿐만 아니라 자신이 원하는 성별의 모습으로 사회생활도 잘해나가는 경우가 많은데도 불구하고, 외양과 다른 호적의 성별에 계속 머무르게 둔다면, 오히려 자녀의 복지가 손상될 수 있다.

일본 변호사 협회도 특례법이 성립할 즈음에 의견서를 공표하면서 '현재 자녀가 없을 것'이라는 요건을 '현재 자녀가 있는 경우에는 자녀의 복지에 반하지 않을 것'으로 개정해야만 한다고 지적했다. 일률적으로 배제할 것이 아니라 개개의 실태에 맞게 대처하도록 개정해야 하지 않을까.

이뿐만 아니라 '희망하는 성과 외형상 비슷한 성기를 가질 것'이라는 요건에도 문제의 소지가 많다. 같은 '성 동일성 장애'라고 해도 사람마다 자기 신체에 대해 느끼는 위화감 정도나 내용은 다르다. 모두가 수술을 바라는 것도 아니다. 게다가 성별적합수술이 신체에 주는 부담은 상당하다. 개개인의 건강 상태에 따라서 받을 수 없는 수술이 있는데, 일률적인 요건으로 명시화하는 것이 과연 옳은 걸까? 게다가 일본 내에서 이 수술을 받으려면 남성에서 여성이 되는 수술의 경우 백 몇십만 엔, 여성에서 남성이 되는 수술의 경우 450만 엔이라는 큰 비용이 들고 건강보험도 적용되지 않는다. 사회보험제도의 성별 표기제도로 인해 정규 고용이 되기 어려운 당사자들이 이러한 돈을 마련한다는 것 자체도 보통 일이 아니다.

'성 동일성 장애' 진단을 받은 사람은 약 5000명 정도이나 일본에서 수술을 집도하는 의료 기관은 다섯 곳에 지나지 않는다. 또 수술을 받을 수 있는 사람도 겨우 100명에 지나지 않는다(2007년 1월의 조사 결과). 매우 적은 수의 의료 기관과 복잡한 절차, 장시간의 대기시간에 실망해 해외로 향하는 경우도 끊이지 않고 있다. 개개인의 상황에 맞는 탄력적인 판단이 절실히 요구되는 상황이 아닐 수 없다.

또한 '성 동일성 장애'라는 말이 사회에 널리 퍼지면서 의사의 진단 여부와 상관없이 그 카테고리에 스스로를 포함시키는 사람도 늘고 있다. 하지만 스스로 '성 동일성 장애'라고 생각한다고 해서 바로 '수술할 사람'이라고 간단히 단정 지어서는 안 된다. 3장에서 밝힌 대로 나도 오랫동안 긴 이행 프로세스를 거쳐 성전환 수술을 받기에 이르렀지만, '법률에서 요구하고 있기 때문에 또는 현재의 사회가 남녀라는 두 가지의 성별을 전제로 하고 있기 때문에 그에 맞게 몸을 바꿔야 한다'라는 생각에는 본질적으로 의문을 가지고 있다. 나다운 모습으로 있어도 아무런 문제가 되지 않는 상황에서 평등한 권리와 의무를 짊어지는 사회 시스템을 요청해야 하지 않을까.

특례법의 탄력적 운용

특례법이 성립될 즈음, 고개를 갸우뚱하게 만드는 비판도 제기되었다. 대표적인 것이 "특례법은 트랜스젠더 접대부를 처음부터 상정하지 않고 배제했다", "국내, 국외에서 비공식 루트를 통해 수술한 경우는 인정되지 않는다", "법원에 제출하는 진단서는 10명도 채 안 되는 '국내 전문의'에 의한 것이 아니면 안 된다" 등이었다. 쓸데없는 말들에 부채질된 불안을 없애기 위해서라도 그 후의 상황에 대해 언급해두려 한다.

먼저 특례법에서 소위 '트랜스젠더 접대부'를 직업으로 한 사람들을 배제한 사실이 없다. 실제 그들에게도 많은 성별 변경 허가가 나왔다. 사회의 편견 때문에 밤의 접객업을 할 수밖에 없다고 생각하는 사람들이 여전히 끊이지 않고 나오고 있으나, 그들을 배제해서는 안 된다고 하는 의견은 이미 2000년에 자민당의 성 동일성 장애 공부회가 시작한 시점에 등장했다.

국외에서 치료받은 경우나 성 동일성 장애에 정통한 '전문의'가 아닌 의사가 진료서를 작성한 경우에도 성별 변경이 인정되고 있다. 한 예로 특례법이 시행되고 4개월 뒤에 탤런트 카루세루 마키カルーセル麻紀 씨의 성별 변경이 인정된 바 있다. 그녀는 1973년에 모로코에서 수술을 받았고 집도한 의사는 이

미 사망한 상태였다. 또 진료서를 쓴 의사도 성 동일성 장애가 전문 영역이 아니었다고 한다. 성별 변경이 허가된 전체 사례에서 '공식 의료'가 차지하는 비율은 3분의 1에 미치지 않는다.

필요 이상으로 불안이 부채질되는 상황에서도 법은 지금까지 매우 탄력적으로 운용되고 있다고 생각한다. 예를 들어 법률과 시행령에는 어떠한 형상을 '닮을 것'에 대한 명확한 기술이 없다. '여성에서 남성으로 성별 변경을 희망하는 경우에는 내성기 제거 수술을 마쳐 생식기능이 없을 것, 남성호르몬을 투여해 음핵이 페니스 형태로 비대화되어 있을 것'에서도 의사가 '비슷한 외견을 갖춘 것'으로 판단해 성별 변경이 인정되는 경우도 나오고 있다. 신체적·경제적으로 부담이 큰 페니스 형성술, 질 형성술은 반드시 필요하다고는 할 수 없다.

'성 동일성 장애'를 연구해온 정신과 의사 하리마 가쓰키針間克己 씨에 의하면, 2006년 7월 31일까지 그가 진단서를 작성해주고 법원의 심판으로 성별이 변경된 46명 중, 여성에서 남성으로 성별을 바꾼 사람은 16명이었다. 이 중 자궁난소 적출수술만으로 성별 변경이 인정된 경우가 7명, 자궁난소 적출수술과 요도연장수술·음핵음경형성수술을 모두 받은 경우가 8명, 자궁난소 적출수술과 음경형성수술을 받은 경우가 1명이었다. '희망하는 성과 외형적으로 비슷한 성기를 가질 것'이라는 요건에 대해 법원이 유연하게 대응하고 있다고 말할 수 있다.

또한 하리마 씨의 정리에 따르면, 남성에서 여성으로 성별 변경이 인정된 30명 중 성별적합수술 전에 정신과 의사의 진찰을 받은 이력이 없는 경우가 5명, 정신과 의사 한 명의 수진밖에 없는 경우가 7명이었다. 특례법에서는 '성 동일성 장애인'을 "정확한 진단을 위해 필요한 지식 및 경력을 가진 두 명 이상의 의사가 일반적으로 인정되는 의학적 지식에 근거해 진료하고, 그 결과가 일치하는 사람"이라고 규정하고 있으나 정신과 의사의 진찰 없이 해외에서 수술을 받은 경우에도, 그 후 의사 여러 명의 의견이 일치했다면 성별 변경을 허가하고 있다.

법률 문언을 검토하는 과정에서 전문의와 당사자들이 계속해서 '당사자의 다양성' 문제를 제기했고, 실제로 그것을 일정 부분 배려해 법률을 완성했다고 평가할 수 있다. 가정법원에 제출하는 성별 변경 신청에 필요한 진단서 서식은 후생노동성령에 의해 정해져 있으나, 그 내용은 당사자와의 의논 및 의견 공모를 통해 접수된 의견을 상당 부분 반영한 것이다. 이렇게 법률이 만들어지기까지 당사자의 입장에서 의견을 표명해준 의사와 법학자분들이 있었고, 열의를 보여준 당사자들의 수고가 있었다. 그에 대해 이해를 표해준 의원분들과 법제국의 노력이 있었음을 특별히 강조하고 싶다.

5장

자그마한 목소리,
소리가 없는 목소리

그들이 진짜로 원하는 것을 알아내다

주위 배경과 잘 구분되지 않는 점자 블록(사진의 안쪽)과 '앞으로
나아가시오'와 '멈추시오'의 구별이 어려운 블록(사진 앞쪽)

상식을 의심하는 것에서부터

세타가야, 84만 명의 터전

내가 사는 세타가야 구는 인구 84만 1399명(2007년 국세조사)이 거주하는 규모가 큰 지역으로 내각 정령지정도시*를 제외한 행정단위로서는 전국 최대의 인구를 자랑한다.

세타가야 구의 특징으로 먼저 주택도시인 점을 들 수 있다. 세타가야 구에는 지역 밀착형 상점가가 많고 이렇다 할 중심가가 없지만, 그래도 개성 있는 가게가 많은 '시모기타자와'와 '산겐자야'는 살고 싶은 도쿄의 거리 순위에서 항상 상위에 들곤 한다. 또 도쿄 23구 중에서 가장 대학이 많고(일반대학, 단기대학, 학부 모두 합쳐 22개) 학생 거주자도 많다. 선거구와는 별도로 이곳에 주거하는 국회의원도 적지 않다. 녹지가 많은 양호

---

* 한국의 광역시와 비슷한 개념이다. _옮긴이

한 주택지라는 이미지가 정착되어 있지만 집합주택이 증가하면서 녹지가 감소하는 추세다.

2006년에 이루어진 구민의식조사에 의하면 '태어난 때부터 계속 세타가야 구에서 살고 있다'고 답한 구민은 전체의 28%에 지나지 않았다. 한 해 8%의 구민이 바뀔 정도로 인구 유동성이 높고 세타가야 구 의원 중에서도 세타가야 출신자는 절반 이하이다. 구 내에는 대사관 여섯 곳, 영사관 한 곳, 인터내셔널 스쿨이 두 곳 있고, 외국 국적의 구민도 현재 약 1만 4500명에 달한다.

세타가야 거리는 사람들이 늘 오가고 새로운 공기가 계속 유입되어 활기에 넘친다. 복지 면에서도 선진화되어 있으며 구 내에 있는 코메이 양호학교와 세이초 양호학교는 각각 장애를 가진 어린이들을 위한 학교로서 일본에서 가장 오랜 역사를 지니고 있다. 그뿐만 아니라 구 북쪽에 있는 도립마쓰자와 병원은 정신의료의 일대 거점이기도 하다.

또한 세타가야 구는 1995년에 도로와 공공시설, 민간건축물의 배리어 프리barrie free*를 추진하는 조례를 도쿄 23구 중에

---

* 장애인에 대한 장벽을 없앤다는 의미로 '고령자, 신체장애인 등 사회적 약자들의 사회활동에 지장을 주는 물리적 장애물이나 심리적 장벽을 없애기 위해 시행하는 운동이나 정책을 의미한다. _옮긴이

서도 가장 먼저 시행했다. 그 후에도 순차적으로 조례를 개정해 가장 앞선 수준의 내용을 갖게 되었다. 또한 시민이 정책을 제언하는 정책제안 활동도 매우 활발하게 이뤄지고 있다. '세타가야 구라서 정말 다행이다.' 이것은 내가 당선이 되었을 때 몇 번이고 들었던 말이다.

'성 동일성 장애'를 공표한 내가 의원으로 당선될 수 있었던 것도 다양한 사람들을 받아들이는 세타가야 구의 지역 특성 덕분이었는지도 모른다. 그러나 그런 세타가야 구에서도 문제는 여전히 산적해 있다. 사회 소수자들의 니즈와 그들의 자그마한 목소리는 이 동네에서도 역시 묻히기 쉬운 것이다.

자그마한 목소리를 찾다

1장에서 언급한 것처럼 내가 정치가로서 내세운 캐치프레이즈는 "자그마한 목소리, 사회에 전해라!"였다. 사회의 표면만 보고 모든 것을 안다고 생각해서는 안 된다. 귀에 들리는 목소리만 거리의 목소리인 것이 아니다. 때로 자신의 '상식'을 의심하지 않으면 진정한 니즈를 알 수 없다. 이 캐치프레이즈는 그런 생각을 담아 만든 것이다. 이렇게 생각하게 된 것은 나 자신이 직접 '상식'에서 벗어나 괴로움을 겪어왔기 때문이다. 제도권 밖에 떨어져 있어서 '나를 곤란하게 만든 문제들'을 입에 담는 것조차 어려운 상황과 폐쇄된 듯한 그 기분이 정치 참여의 시발점이 되었다. 나는 성 소수자였지만, 다른 부분에서는 다수에 속하기도 했다. 그래서 생각했다. 나 자신의 생각을 의심하지 않으면 묻혀버린 니즈를 놓치게 된다고 말이다.

균일성이 높은 사회에서 도대체 얼마나 많은 목소리가 묻히고 있을까. 나는 의원으로서 항상 그것을 의식하며 살고 싶다. 의원들 중에는 시민들의 목소리가 들릴 때까지 기다리는 의원도 많지만, 나는 그저 기다리기만 하지는 않는다. 아무 말도 하지 않는 사람들을 내가 먼저 찾아가야겠다고 생각하면서 활동하고 있다.

다음의 6장을 그러한 '상식의 벽'을 찾아다닌 나의 시도에 대한 보고로 읽어주었으면 한다. 여기서 소개하는 모든 사례들은 내가 의원이 된 후에 힘써 일해왔던 테마들이다. 모든 '지역' 한 곳 한 곳이 사회의 축소판이다. 분명 당신이 살고 있는 곳에서도 입을 다물어야만 하는 사람, 목소리를 내는 사람들이 가까이 공존하고 있을 것이다.

첫 번째 질문

일본의 의회는 거의 회파제로 운영된다. '회파會派'란, 생각하는 방식을 공유하고 의회 내에서 공동 교섭을 하는 그룹을 일컫는다. 정당 그 자체가 회파인 경우도 있고 특정한 기준 없이 모여든 사람들이 회파를 이룬 경우도 있다. 나는 여러 회파의 가입 제의를 받았지만 결국에는 '1인 회파'로서 즉, 무소속 지방의원으로서 활동하기로 했다. 회파 이름은 '레인보우 세타가야'. 한 사람 한 사람이 존중되기를 바라는 마음을 담아 다양성을 상징하는 무지개를 넣어 지은 이름이다.

구의원 본회의에서는 사전 통고제로 발언이 이뤄지기 때문에 미리 '이러한 질문을 할 테니 잘 부탁합니다'라고 통고해야 한다. 나에게 주어진 질문 시간은 단 10분. 소수 회파에 발언 기회를 주지 않는 의회도 적지 않은데, 세타가야 구의회가 평등 지향적으로 운영되고 있는 것은 참으로 다행스럽다. 제비 뽑기로 나의 첫 질문 날이 6월 12일 오후 첫 번째로 정해졌다.

내가 통고한 질문 내용은 크게 다음의 두 가지였다.

① 일본어를 모국어로 하지 않는 주민에게 행정 정보를 제공하는 것에 대해

② 공적 서류에서 불필요한 성별란을 삭제하는 것에 대해

구청에서 제공한 산더미 같은 자료들을 읽으면서, 한편으로 나에게 의정 활동의 실마리가 좀 더 가까운 주변에 있지 않을까 하는 생각이 들었다. 무엇보다 '성 동일성 장애'도 구청이 제시한 자료에는 나오지 않는 문제 중 하나였다. 다른 의원이나 공무원의 안테나에 잡히지 않은 채 그대로 묻혀버린 문제들이 분명 많을 것이라고 생각했다.

출마를 결정하고 구청에 방문했을 때 약간 마음에 걸렸던 것은 구청 내의 안내 표시가 거의 전부 일본어로 되어 있다는 점이었다. 나도 해외에서 머물 때, 행정의 사무 수속 절차를 모국어로 접할 수 없어서 불안했기 때문에 그 기분과 비효율성을 잘 알았다. 그래서 그런 점에 시선이 가고 의문이 생겼다.

구의원 본의회에서의 정식 질의를 준비하기 위해 청사 내의 안내표시 현황, 외국 국적 구민의 국적 내역, 구청 홈페이지의 사용 언어, 청사 안내 관련 부서의 외국어 회화 능력, 외국인 상담 건수와 그 내용, 지금까지 구의회에서의 관련 발언들을 조사해보았다. 그 결과 세타가야 구청에서 일본어 외의 언어로 정보를 제공하는 데 문제가 많다는 게 발견되었고 외국인 상담을 위한 접수창구 외에는 거의 아무런 대응도 없다는 것을

알 수 있었다.

'성 동일성 장애'를 둘러싼 성별란의 과제에 대해서도 꼭 문제를 제기하고 싶었다. 또 그 즈음에 '특례법'이 확실하게 국회에 상정될 예정이었기에 그 성립을 후원한다는 의미도 있었다. 나는 지방자치단체에서 취할 수 있는 개선책을 강력하게 알리고 확실한 처리를 요구해야겠다고 생각했다.

그리고 6월 12일, 드디어 첫 질문의 날이 되었다. 단에서 떨지 않기 위해 남 몰래 손바닥에 사람 인人 자를 써서 두 번 삼키고 회의장으로 향했다. 오후의 회의 재개를 알리는 소리와 함께 본회의가 시작되었다. 방청석에는 TV 카메라가 네 대 있었고 신문기자도 몇 명인가 와 있었던 것 같다. 침착하게 정신을 안정시킬 틈도 없이 의장이 회의 재개를 발표했고 지명을 받았다.

나는 손을 들고 일어서서 단상으로 나아갔다. 의장에게 한 번 인사를 하고 의원석에도 한 번 인사를 했다. 그리고 심호흡을 한 뒤 질문 원고에 시선을 내리고 발언을 시작했다. 신기하게도 약간 냉정함을 찾을 수 있었다. '한마디 한마디 똑바로 신경 써서 말해야지. 내 의지가 확실히 전달되도록 마음을 담아서……'라고 생각했다.

단상에서 8분 조금 안 되는 시간 안에 질문을 마치고 자리로 돌아오자 구청 측에서 답변을 시작했다. 담당 주임과 부장의 답변은 올바른 처리를 약속하는 매우 긍정적인 내용이었다. 자리에서 두 번까지 허용된 재질문 기회를 모두 사용하고 이래 저래 10분 정도 시간 내에 발언을 모두 마쳤다.

"꽤 침착하게 잘했어", "논리적이었고 발표 정말 좋았어요", "좋은 답변이 돌아왔네요". 동료 의원들의 소감을 듣고 나서야 비로소 좀 안심이 되었다.

의회가 끝나고 바로 구청 안뜰에서 NHK와 인터뷰를 했다. 그리고 뒤이어 민영 방송국 스튜디오에서 생중계 인터뷰를 했다. 나는 오늘 질문에 담았던 솔직한 내 마음을 모두 말했다.

밤에는 선거를 도와준 동료들이 사무소에 와주었는데, 그중 저녁의 생방송을 우연히 본 동료들이 웃으면서 감상평을 들려주었다. "진짜 놀라서 들고 있던 컵을 떨어뜨릴 뻔했어! 완전 아우라가 나오던데." 나는 카메라 앞이라는 막다른 상황에 이르러서야 대담함을 되찾나 보다. 발등에 불이 떨어지면 어떻게든 하게 된다는 말이 정말 맞았다. 이렇게 나의 의원 생활이 시작되었다.

1만 5600명의 외국인

내가 외국 국적 주민의 이야기를 첫 번째 질문으로 다루었을 당시, 세타가야 내의 외국인 등록자 수는 약 1만 5600명으로 구 전체 인구의 2%에 달했다. 외국 국적이기는 하지만 그들은 나와 같은 동네에 살면서 세금을 납부했고 국민연금과 국민건강보험에도 가입되어 있었다. 또 구립 초등학교나 중학교에는 여러 국적을 가진 어린이와 학생이 재적하고 있었다. 그들에게 될 수 있는 한 공평한 대응을 해주는 것이 기본이라고 생각했다.

일본어가 모국어가 아닌 외국 국적 주민의 눈으로 구청의 행정 서비스를 바라보면 불친절하다고밖에 할 수 없었다. 현재 행정 정보를 얻는 간편한 방법 중 하나는 홈페이지를 열람하는 것이다. 그러나 구청 홈페이지에 들어가 보니 외국어 대응은 영자 뉴스 발행, 유치원 및 개호보험介護保險*의 영어 안내가 다였다. 외국인 등록자 수의 통계를 보면 중국어, 한국어

화자가 많은 것이 분명한데 이에 대응하는 정보 제공은 아예 없었다. 외국 국적 주민의 의무 사항인 '외국인 등록'의 사무 수속 절차에 대한 설명이나 구가 시행하는 '외국인 상담', 구청으로 오는 길을 안내하는 지도 등 접근성에 관한 정보도 전부 일본어로만 되어 있었다. 어찌어찌 구청에 찾아왔다고 하더라고 청사 입구에서 전부 일본어로 표시된 안내판에 맞닥뜨려야 했다. 또 로비 안내 부스의 스태프를 채용할 때에도 외국어 능력을 고려하지 않고 있었다. 엘리베이터 안의 표시도, 각 층에 설치된 안내판도, 각 과가 걸어둔 과의 명칭도 전부 일본어였다. 이런 상황에서 일본어를 능숙하게 하지 못하고 읽지 못하는 주민은 어떻게 필요한 창구에 찾아가야 한단 말인가.

한편 구의 외국인 상담 실적을 보면 가장 많은 상담이 '외국인 등록에 대해서'로 총 746건이었고, 그 뒤 차례로 동료 만들기로 이어지는 '생애학습'에 관한 것이 524건, '국민건강보험'에 관한 것이 325건, '세금'에 관한 것이 285건, '호적'에 관한 것이 259건이었다. 여기에는 외국 국적의 사람들이 일상생활에서 무엇에 곤란을 겪고 있으며 어떤 정보를 요구하고 있는지

---

* 한국의 노인장기요양보험에 해당하는 것으로 질병이나 노환, 신체장애 등으로 혼자서 정상적인 일상생활을 영위할 수 없는 사람들을 위한 일본의 수발·간병 보험이다. _옮긴이

가 여실히 반영되어 있었다. 하지만 구에서 외국인 상담 실적을 활용한 흔적은 찾아볼 수 없었다. 다수자를 기준으로 일을 처리하는 것밖에 생각하지 못하는 구청의 '현장 감각'이 드러난 것이라고 생각한다.

첫 질문에서 지적한 이 점들에 대해 구청은 거의 전면적으로 잘못을 인정하고 개선을 약속했다. 이후 구청의 주요 안내 표시판에는 영어가 병기되었고, 안내 담당자에게 영어 레슨이 실시되었으며, 영어·중국어·한국어로 홈페이지가 개설 및 운영되었다.

그 후 구의회에 영어판 ≪구청 정보 알림지≫의 개선을 요청했다. 일본어판 광고지와 비교해보니 영어판 광고지에는 관광 안내만 있었고 생활하는 사람들의 시점에 선 정보가 터무니없이 적었다. 일본어로 발행되는 ≪구청 정보 알림지≫는 타블로이드판 크기에 8페이지로 월 3회 발행인 반면, 영어판인 *SETAGAYA*는 타블로이트판 4페이지로 월 1회 발행에 지나지 않았다. 게다가 과거 1년간의 과월호를 살펴보니, 1면에는 민속촌의 정월, 겨울의 풍물시장인 '보로이치 시장', 구립공원의 매실축제와 같은 것들이 게재되어 있었다. 그에 더해 지면의 중심 내용은 국제교류사업으로, 외국 국적의 주민이 이용할 수 있는 무료진단 같은 정보는 거의 실려 있지 않았다.

심지어 관련 문의는 'in Japanese(일본어로)'로 해야 한다고 나와 있었는데 영어로 극히 한정된 정보만 제공하면서 '문의는 일본어로' 하라니 심하다는 생각이 들었다. 쌍방향 커뮤니케이션을 도모하는 기술이나 자세도 지나치게 형편없었다. 이러한 점도 그 후 재검토가 이루어지면서 개선되었다. 그뿐만 아니라 생활하는 사람들에게 도움이 되는 정보 게재가 늘었고 일본어로 문의할 것을 강요하는 행태도 사라졌다.

그러나 문제의 뿌리는 깊다. 일단 외국 국적 주민의 니즈를 파악하는 기반 자체가 매우 약하다. 구가 정책 책정의 기초자료로 삼는 '구민 의식 조사'는 주민기본대장에 있는 사람들을 추출해 조사대상으로 삼은 것이었다. 개천에 잘못 흘러들어온 바다표범에게 애칭을 붙여주고 주민표를 발행해주는 지방자치단체도 있었지만, 기본적으로 일본에서는 외국 국적의 주민에게 주민표를 발급해주지 않는다.* 그래서 이러한 '구민 의식 조사'에 외국 국적 주민의 목소리는 반영되지 않는다. 세타가야 구의 경우 외국인등록자를 대상으로 한 의식 조사도 1992년에 중단된 채 머물러 있었다. 그리고 그들에게는 참정권도 없다.

---

* 2012년 외국인등록법의 개정에 따라, 현재는 발급해주고 있다. _옮긴이

지방자치단체에 따라서는 외국인 의회 등을 개최해 이를 보완하기도 했으나 세타가야를 포함한 압도적 다수의 지방자치단체들은 그러한 제도를 가지고 있지 않았다. 내가 외국 국적 주민에 대한 행정 대응을 다룬 것에 대해 '표로 이어지지 않는 행위'라며 야유하는 사람도 실제로 있었지만, 이는 언어도단의 발상이라고 생각한다. 나부터가 성별란이 벽이 되어 참정권을 행사하지 못했던 한 사람으로서 정치의 힘을 누구보다도 필요로 했기 때문이다. 앞으로는 지방자치의 현장에서 외국 국적 주민의 목소리를 어떻게 반영해 나아갈 것인지가 더 이상 피해갈 수 없는 과제일 것이다.

700명의 오스토메이트

'오스토메이트ostomate'란 인공항문이나 인공방광을 단 사람들을 말한다. 고령화의 심화, 식생활의 서구화와 함께 암 환자가 늘어나고 있다. 대장암과 방광암에 걸려서 항문과 방광을 절제해 배설 경로의 변경이 불가피하게 된 경우에는 복벽에 인공 배설구인 '스토마stoma'를 달아야 한다. 즉, 오스토메이트란 스토마를 가진 사람을 의미한다.

일본에 거주하는 오스토메이트는 대략 20~30만 명으로 추산되지만 옷을 입은 상태에서는 이 장애가 있는지 없는지 알 수 없다. 그래서 오스토메이트는 '보이지 않는 장애'라고도 불린다. 의학기술이 발달하면서 대장암에 걸리더라도 직장을 그대로 두는 경우가 늘고 있지만, 대장암 환자가 증가하면서 일본의 오스토메이트는 매년 확실히 증가하고 있다고 한다.

스토마를 장착하면 변의와 요의를 느낄 수 없기 때문에 배설 컨트롤이 불가능하다. 이 때문에 '파우치'라고 불리는 배설물 주머니를 배에 붙였다가 어느 정도 모이면 처리하게 되는데, 이때 파우치의 접착 능력이 문제가 되곤 한다. 파우치는 의료용 특수 접착제로 장착하지만 내용물의 수분과 땀, 또는 시간의 경과 등에 의해 어쩔 수 없이 몸에서 떨어지기 쉬운 상태가 된다.

어느 위생용구 회사가 실시한 조사에 따르면 외출하러 나간 곳에서 파우치를 처리하는 오스토메이트는 전체 환자의 70% 정도에 달한다. 또한 외출 시에 옷을 갈아입어야 될 정도로 배설물이 흘러나온 경험이 있는 사람도 전체의 절반에 달한다. 옷이 더러워지면 외출한 곳에서 옷을 갈아입어야 하기에 오스토메이트 대응을 하는 화장실에는 복부와 파우치의 세정이 가능한 세면대, 옷을 갈아입을 장소와 파우치 장착용 거울, 의복과 짐을 걸어둘 수 있는 복수의 후크 등을 갖출 필요가 있다.

세타가야 구의 장애인 통계에 따르면, 구 내에 거주하는 오스토메이트는 약 700명이다. 그러나 구 내의 화장실을 조사해 본 결과 내가 의회 질문으로 이 문제를 다루었던 당시에 오스토메이트 대응이 가능한 화장실은 오다큐 선 전철역 내에 단 두 곳뿐이었다.

배설은 살아가는 한 피할 수 없는 현상이다. 환자는 700명인데 화장실은 단 두 곳뿐이니, 곤란한 상황에 처하게 될 사람이 많다는 것을 쉽게 상상할 수 있었다. 대응할 수 있는 화장실이 없는 현 상황에서는 기존의 화장실을 이용할 수밖에 없다. 어떻게 이용하고 있는지 알고 싶어서 당사자 단체인 '일본 오스토메이트 협회'에 연락해 세타가야 구에 거주하는 당사자 두 명을 만났다. 이야기를 들어보니 매우 충격적이었고 무척 가슴이 아팠다.

일단 문제가 발생하면 근처 화장실로 달려가 무리한 자세로 파우치의 배설물을 변기에 흘려버린다. 때에 따라서는 변기의 물을 퍼서 세정하기도 한다. 이 때문에 많은 환자들이 될 수 있는 한 외출을 피하려 하고, 부득이하게 외출할 경우에는 미리 음식을 제한한다고 한다. 당사자 중에는 고령자가 많고, 또 배설에 관계된 일이기 때문에 주변에 알리고 싶지 않다는 생각도 강해서 단체의 이름으로 회보를 받는 것조차 거부하는 사람도 많다는 이야기를 들었다.

일본에서 스토마를 단 사람들에 대한 케어와 재활을 의식하기 시작한 것은 1980년대 이후이다. 현재는 전문적인 기술을 가진 'ET너스Enterostomal Therapy nurses(스토마요법사)'가 의료시설 여러 곳에서 근무하고 있지만, 그 이전에는 같은 수술을 받아도 충분한 안내와 조언을 받지 못한 경우가 많았다고 한다.

오스토메이트 협회를 접하고 이용하는 당사자들은 세타가

야 구 내에서도 일부뿐이었다. 스스로를 오스토메이트라고 부른다는 것조차 알지 못하는 당사자도 있을 것이 틀림없었다. 그들이 지역 안에서 고립되어 있을 가능성을 생각하니 안타깝고 답답한 마음을 금할 수 없었다.

살면서 얻게 된 장애를 받아들이기란 결코 쉽지 않다. 또한 그것을 사회와 연결시키고 정보의 형태로 발신하는 것은 더욱 문턱이 높은 일이다. 고령자의 비율이 높은 오스토메이트 환자들이 스스로 배설에 관한 고민을 설명하기 어려운 것도 어찌보면 당연한 일일 것이다.

세타가야 구 내에는 약 700개의 구립 시설이 있다. 그러나 조사해보니, 오스토메이트에 대응할 수 있는 화장실이 있는 곳은 단 한 곳도 없었다. 본회의에 오스토메이트 대응 화장실을 설치해줄 것을 요구하자 그해 바로 구청에서 화장실 세 곳을 오스토메이트 대응 화장실로 개조했다. 나아가 그 후에도 신설되는 시설의 도면을 보고 내가 하나하나 대응을 요구하면서 오스토메이트를 위한 화장실을 늘려갔다. 일일이 지적하지 않으면 대응해주지 않는 구청에 속 썩어가면서 그 후에도 오스토메이트 대응 화장실에 대해 조례로 표준화를 요청했다. 그 결과 2006년 4월부터 조례에 근거해 공공 공간이 있는 민간 건축물을 포함해 구 내 5000제곱미터 이상의 면적을 가진 신규

건축물에 오스토메이트 사양의 화장실이 갖추어지게 되었다.

　이 문제를 다루고 난 다음부터 구의 공무원들이 종종 그들 가까이에서 일어난 이야기들을 들려주곤 했는데, 대부분 "우리 아이도 예전에 스토마를 달고 있었어요", "구에서 일하는 직원 중에도 (오스토메이트가) 있어요"와 같은 이야기였다. 목소리를 내지 못하는 당사자가 이렇게 가까이에 있었다는 사실에 놀랐다. 우리가 눈치채지 못할 뿐, 우리 주변에는 오스토메이트인 사람들이 반드시 있다. 일상생활 속에서 분명 한 번쯤은 만나고 지나친 적이 있을 거라는 생각이 들었다.

한부모 가정의 실태

후생노동성의 인구동태통계에 따르면, 2002년에 일본의 이혼 건수는 29만 건을 넘어 역대 최고치를 기록했다. 그와 함께 한부모 가정의 수도 늘고 있다. 한부모 가정에는 모자가정과 부자가정이 있으나 일본의 한부모 가정 대책은 전후의 미망인 대책이 발단이 되어 만들어진 것으로 지금도 그 영향이 짙게 남아 있다. 이 때문에 국가 차원의 한부모 가정에 대한 지원책은 여전히 모자가정 지원에 치우쳐 있는 상태다. 지원책의 기축인 아동부양수당이 모자가정에만 지급되고 부자가정에는 지급되지 않는다는 사실이 그것을 상징적으로 보여준다.

국가의 복지정책은 최근 커다란 전환기를 맞았다. 생활보호에 '자립지원 프로그램'이 도입되고, '장애인 자립지원법'이 시행되면서 장애인 복지 서비스 이용에 원칙적으로 10%의 부담이 의무화되는 등 전체 흐름이 '무상 급부'에서 '자립'으로, '중앙의 관리'에서 '지방의 판단'으로 크게 변화하고 있다. 재정난

위기 때문에 재정지원과 함께 자립을 위한 지원도 하겠다는 이념은 언뜻 보면 그럴듯하게 들린다. 그러나 급부의 삭감은 전국에서 일률적으로 시행되는 한편, 자립은 국가가 제시한 자립지원 선택지를 각 지방자치단체가 실천하는 정도로 각 재량에 맡겨진 실정이다. 그러니 살고 있는 지방자치단체의 판단력과 재정력에 따라 복지의 내용에서 큰 차이가 날 수밖에 없다.

이러한 흐름 속에서 최근 모자가정에 대한 지원책이 처음부터 재검토되는 발본 작업이 이루어지고 있다. 2002년 8월부터 아동부양수당을 지급하는 권한이 국가에서 '구'로 이관되었고 소득에 따라 세세한 감액이 이루어졌다. 같은 해 11월에는 '모자·과부복지법 등의 일부를 개정하는 법률'이 성립되기도 했다. 또한 2008년 4월부터 아동부양수당이 더욱 삭감될 것으로 결정되었으며, 2003년 3월에는 국가가 고시한 '모자·과부복지대책의 기본방침'에서 모자가정의 자립 촉진을 목표로 지방자치단체가 노력해야 될 것으로 다음의 세 가지가 제시되었다.

첫째, 역내의 한부모 가정의 현황을 상세히 파악할 것, 둘째, 현상 파악에 근거한 자립촉진계획을 세울 것, 셋째, 구체적인 자립지원 활동을 전개할 것 등이다. 그러나 이 고시는 지방자치단체의 '의무사항'이 아니라 어디까지나 '방침'이었다. 채용할지 말지는 각 지방자치단체에 달려 있었다. 내가 한부모 가

정의 일을 구의회에서 다룬 것은 2004년 12월로, 국가가 기본
방침을 낸 지 이미 1년 9개월이 지난 시점이었다.

세타가야 구의 한부모 가정 지원

2003년 4월의 선거에서 당선된 구청장은 육아 시책의 충실
화를 주요 정책 중 하나로 내세우고, '어린이부'를 신설하는 등
종래의 수직적 구조를 벗어난 체제 정비를 꾀했다. 그러나 하
부 관리자 중 한부모 가정을 담당한 사람은 한 명도 없었고, 내
가 질문한 시점에도 국가가 제시한 모자·과부복지대책의 기본
방침과 자립지원 선택지 모두 제대로 파악하고 있지 않았다.

한 예로 국가는 구체적인 자립지원책으로서, 2003년 4월부
터 취업에 도움이 되는 교육훈련의 수강료와 자격 취득을 목표
로 한 취학자의 생활비 일부를 보조해주는 '모자가정 자립지원
급부금 사업'을 시작했다. 이는 국가가 비용의 4분의 3을 보조
하고 구가 4분의 1을 부담하는 것으로, 세타가야 구에 인접한
메구로 구, 스기나미 구 등 도쿄 내 일곱 개 구와 한 개 시에서
이미 실시되고 있었다. 그러나 세타가야 구에서는 전혀 착수
되지 않은 상태였다.

내가 구의회에서 후생노동성의 고시에 근거한 실태조사 실

시, 독자적인 자립촉진계획의 책정, 모자가정 자립지원 급부에 대한 실시 등을 요구하자, 구는 예산을 새롭게 편성하고 그해 연말에 한부모 가정에 대한 실태조사를 상세히 행했다. 그 결과 다음과 같은 사실이 명백히 드러나 세타가야 내의 한부모 가정들이 매우 불리한 상황에 처해 있음을 알 수 있었다.

- 한부모 가정 중 친척과 함께 살고 있는 비율은 전국 평균에 비해 10%p 이상 밑돌았음
- 부모가 상용근로자인 비율도 8%p 적음
- 부모의 연령이 40대 이상인 경우가 전체의 60%에 달해 전국 평균에 비해 매우 높은 편임

구는 조사 결과를 바탕으로 구청 내에 검토위원회를 구성하고 신속하게 구체적인 개선에 나섰다. 2005년 11월에는 국가가 제시한 모자가정의 자립지원책 중 '자립지원 교육훈련 급부'를 실시했고, 2006년 4월부터는 더욱 안정된 취업을 기대할 수 있는 자격 취득을 장려하는 '고등 기능 훈련 촉진비 사업'도 개시하는 등 사태를 빠른 속도로 개선시켰다.

의회 질의를 통해 이러한 문제들을 제기하고 난 뒤 어느 날, 내게 메일을 보내온 한 모자가정 어머니와 그 밖의 몇 분을 만

나 이야기를 나누었다. 그 어머니들은 이미 여러 번 모자가정 자립지원 급부를 시급히 적용해달라고 구청에 요청했다고 한다. 그러나 구청의 창구 직원은 국가가 마련한 지원 정책 선택지에 대해 전혀 알지 못했고, 그때마다 그녀들이 설명을 반복해야 했다. 또 제도 도입과 관련해 구의 모자자립지원 담당 공무원과도 상담해보았지만, '제도를 도입한다고 해서 전원이 취직할 수 있는 것은 아니다'라는 답변만 들어야 했다.

자립을 목표로 세타가야 구의 간호학교에 다니고 있는 모자가정의 어머니들 간에도 거주지에 따라 행정 지원 내용이 달랐다. 내게 이야기를 전해준 분은 세타가야 구민이라는 이유로 지원을 받지 못한 반면, 주변 시·구에 거주하는 분들은 행정 지원을 받아 뒤죽박죽인 상황이었다. 국가가 정한 방침에 따라 급부는 삭감했으면서 자립지원에는 아무런 대책도 마련하지 않은 구의 책임이 크다. 국가 조사에 따르면 2004년 자립지원 교육훈련 급부금사업에 착수한 자치단체는 327곳(전체의 42%)이고, 고등 기능 훈련 촉진비 사업에 착수한 곳은 252곳(전체의 32%)뿐이다. 거주지에 따라 부담이 다른 '지역 격차'를 낳은 지금의 제도는 명백히 많은 문제를 안고 있다.

부자가정에 대한 지원이 적은 것도 큰 문제다. 앞서 말했듯이 일본의 한부모 가정 지원책이 등장한 배경이나 고도성장기에 침투한, '남자는 직장일, 여자는 가사·육아'라는 성별역할 분업의식 때문에 지금까지 근본적인 재검토가 이루어지지 않았다. 현재 부자가정은 아동부양수당을 받지 못하고 있으며 모자복지자금, 여성복지자금 등 대부제도에서도 배제되어 있다.

확실히 모자가정과 비교했을 때 부자가정의 평균 수입액은 더 많다. 그러나 이는 평균일 뿐 개개인의 상황을 따진 논의는 아니다. 앞서 말한 구의 조사 결과를 살펴보면, 부자가정 중 가정에서의 고민 첫 번째로 '돈'을 꼽은 가정도 50%에 달했다. 부자가정에 대한 구체적인 지원 방책이 꼭 필요하다. 이러한 차별대우에 대해 지바 현의 노다 시와 시가 현의 오쓰 시 등은 아동부양수당에 상당하는 수당을 부자가정에 독자적으로 지급하는 완화책을 강구하고 있으나, 어찌되었든 근본적으로는 국정에 의한 제도 개정이 필요하다.

또한 전국 조사 결과를 보든 구의 조사 결과를 보든, 모자가정과 부자가정의 근심거리와 곤란한 일에는 차이가 있다. 부자가정에는 가사, 건강, 육아 지원에 대해 상담하기 쉬운 환경을 조성해주고 니즈에 세심히 대응할 필요가 있다. 나는 이러한 지원 격차를 시정해줄 것을 구의회에 계속해서 요청하고 있으나 국가적 수준에서 소홀히 해온 문제인 데다 소수자 중에서도 소수자의 문제인 만큼 구의 반응이 미적지근한 상황이다.

필기 통역과 수화

수화가 가능한 사람은 10%대에 불과

　장애인 스포츠 진흥사업 시책에 대해 구의회에서 질문하기 위해 구마가야 시에서 열린 전국 장애인 스포츠 대회 '사이타마 장애인 체육대회'의 리허설 장소를 방문했을 때의 일이다. 대회장은 장애를 가진 본인 및 가족, 그리고 많은 자원봉사자들로 가득 차 있었다. 자원봉사자는 각각의 역할을 기재한 배번호를 달고 있었는데, 그중 '필기 통역'이라는 글자가 내 눈에 들어왔다. 필기용품을 들고 있는 점을 보아 청각장애인의 커뮤니케이션을 도와주는 역할인 것 같았다.

　도쿄에 돌아와 필기 통역에 대해 조사해보니, 필기 통역이란 그 자리에서 발화되는 말을 문자정보로 바꾸는 일로, 수화를 사용하지 않는 청각장애인에게 정보를 전달하기 위한 수단으로서 발달해온 것이었다. 사람은 보통 1분에 300음절의 말을 한다. 한편 사람이 손으로 받아 적을 수 있는 문자수는 1분에 60자 정도이다. 따라서 말의 취지를 손상시키지 않고 신속하게 전하기 위해서는 정확한 요약과 받아 적기 능력이 필요하다. 그러한 종합적 기능이 바로 '필기 통역'이다.

필기 통역이 필요한 이유는 '청각장애인은 수화를 사용한다'라는 일반적인 생각과 달리, 청각장애인들 중 수화를 아는 사람은 소수이기 때문이다. 세타가야 구의 행정도 지원책의 중점을 수화강습회 실시와 수화 통역자 파견에 두어왔기 때문에 이러한 사실에 솔직히 놀랐다.

그렇다면 수화를 모르는 청각장애인은 얼마나 될까? 구에서 낸 통계자료가 없어서 '중도 실청자 · 난청자 협회'를 방문해 도쿄에 관한 데이터를 얻었다. '장애인의 생활실태' 조사에 따르면 도내에 거주하는 청각장애인 중 수화가 가능하다고 답한 사람은 17.8%에 불과했다. 즉, 80% 이상이 수화를 알지 못하는 것이다. 전국적으로 보아도 수화를 아는 사람은 10%대에 머물렀다. 충격적이었다.

일본은 수화를 독립된 언어로 인정하고 있지 않다. 농학교에서도 수화를 가르치지 않고 있으며, 보청기에 의한 잔존 청력을 활용하고 입모양을 읽는 '독순법'을 병용해, 음성언어를 습득하는 것을 목적으로 한 교육에 의존하고 있다. '소수자는 다수자에게 맞춰야 한다'라는 구화제일주의인 것이다. 수화는 귀가 들리지 않는 사람들을 중심으로 발달한 공간언어이다. 수화에는 '일본수화'와 일본어의 문장에 수화의 단어를 끼워 맞춘 난청자 및 중도 실청자를 위한 '일본어수화' 두 종류가 있다고 한다.

난청과 실청은 어느 날 갑자기 찾아온다. 감기약 하나를 잘 못 먹어서, 또는 수영장에서 잠수했다가 수면에 나오는 순간에 말이다. 어느 날 직장에서 전화를 받다가 귀가 갑자기 들리지 않게 되었다고 말한 사람도 있었다. 그런 사람이 갑자기 수화를 하게 될 리가 없는 것은 자명하다. 수화가 가능한 사람이 10%대인 것도 그렇게 놀랄 만한 일이 아닌 것이다.

세타가야 구에서는 '말 잎사귀'라는 자원봉사자 그룹이 무보수에 가까운 형태로 필기 통역 봉사를 해왔다. 그들은 원래 수화를 할 줄 알지만 현장에서 "글자로 써주세요"라는 요청을 자주 접하다 보니 이러한 활동을 계획하게 된 것이라고 한다. '말 잎사귀' 단체는 구립 학교에 다니는 난청 학생들을 위해서도 협력하고 있으나 학교에 따라서 사례금은 물론 교통비도 지급하지 않는 곳도 있었다. 인원이 부족해 모든 요청에 응하지 못하는 실정이라고 했다.

2003년 11월 본회의에서 필기 통역을 다루었다. 나는 민간

협력이 모든 일을 떠맡아서는 안 되며, 그 활동을 지탱해나갈 수 있는 인재를 양성하고 파견하는 일을 구 차원에서 지원해야만 한다고 주장했다. 그 결과 구는 2005년 가을에 필기 통역 강습회를 열었고 첫 해에 26명, 다음 해에 20명의 수료자를 배출했다.

'장애인자립지원법'의 '지역 생활 지원 사업'이 2006년 10월부터 시행되면서 도쿄 내에 수화 통역자와 필기 통역자를 파견하는 일이 시, 구, 정, 촌의 사업이 되었다. 세타가야 구도 다른 지방자치단체보다 먼저 인재 양성을 시작하기는 했으나 향후 질을 높이고 파견제도를 확립해야 한다는 과제가 남아 있다.

고베대지진 당시, 피난소를 알리는 방송이 음성으로만 이루어져 많은 청각장애인들이 어려움을 겪었다. 그들은 영문도 모른 채 주위를 둘러보다가 역시 뭐가 뭔지도 모른 채 행렬에 따라 줄을 설 수밖에 없었다. 나는 이런 이야기를 듣고 2005년 6월 의회 질문에서 재해 발생 시 수화 통역자와 요약 필기자 단체와 협력하도록 협정을 체결할 것을 구에 요청했다. 이에 따라 구는 2006년도에 협정체결을 약속했다.

보청기에 관한 문제

난청을 이야기할 때 보청기에 대해서도 중대한 문제가 간과되고 있다는 점을 지적하지 않을 수 없다. 70세 이상의 고령자 중 절반은 보청기를 필요로 할 정도로 난청을 겪고 있다. 몸은 건강해도 그들의 청력은 가족과 단란한 한때를 보내기 어려운 수준이거나 TV를 즐길 수 없는 수준, 강연회에 참석해 그 내용을 알아들을 수 없는 수준이다. 그들이 느끼는 고독감과 사회에서의 곤란함은 실로 크다. 하지만 보통 사람들은 나이를 먹었으니 어쩔 수 없는 일이라고 생각하는 정도에 그친다.

보청기는 청각 능력을 보완하는 효과적인 기기이지만 그것을 유효하게 사용하기 위한 지원책이나 정확한 정보가 매우 부족한 실정이다. 우리는 신문이나 잡지에서 보청기 통신 판매 광고를 어렵지 않게 찾아볼 수 있고 할인용품점에서도 특가판매로 보청기를 진열한 경우를 볼 수 있다. 보청기는 거리의 안경점, 시계방에서도 취급하는 실로 우리 주변에서 쉽게 발견되는 상품인 것이다.

그러나 본래 보청기는 한 사람 한 사람의 청력에 맞추어 개별적으로 선택하고 조정해야 하는 매우 중요한 의료기기이다. 안경과 마찬가지로 그 사람의 들리는 정도와 음역 특성, 생활

패턴, 직업상의 필요성 등을 감안해 기종을 선택해야 하며 미세 조정도 해야 한다. 또한 실제로 사용할 때에는 시간을 들여서 서서히 익숙해지도록 할 필요가 있다. 쥐꼬리만 한 연금에도 불구하고 보청기만큼은 비싼 것을 구입해서 쓰는 사람이 많은데, 정작 이러한 정보는 거의 알려져 있지 않다.

문제의 근본적인 뿌리는 정부의 복지 행정에 있지만, 유통의 문제점도 개선할 필요가 있다. 1994년에 민간에서 '공인 보청기 기능자'가 제도화되었으나 2007년 1월에 조사해보니 세타가야 구 내의 공인 전문점은 네 곳에 불과했고 그마저도 존재가 잘 알려져 있지 않았다.

2004년 9월 본회의에서 고령자에 대해 다루면서 구민에 대한 정보제공, 청력 상담의 보완, 보청기 조정의 확충을 요청했으나 구의 움직임은 더뎠다. 세타가야 구 내의 외곽 단체가 운영하는 구립 종합 복지 센터에서는 장애인 수첩의 유무를 따지지 않고 상담 업무를 수행하고 있다. 보청기 조정에 대해서도 꽤 괜찮은 대처 방안들이 강구되고 있는데도 불구하고 그에 대해서는 잘 알려지지 않았다.

또한 보청기는 음원에서 몇 미터만 떨어져도 음을 잡아낼 수 없게 된다는 문제점이 있다. 이를 보완하기 위해서는 마이크가 잡아내는 음을 직접 보청기와 전용 리시버에 전달할 필요가 있다. 이것과 관련된 기기인 '보청 원조 시스템'을 보급하는 일도 중요한 향후 과제일 것이다. 영국과 독일의 공공기관에서는 이 보청 원조 시스템의 설치가 의무화되었지만 일본에서는 제도화되어 있지 않아 아무런 대책도 없는 상황이 그대로 방치되고 있다.

세타가야 구에서는 겨우 시설 두 곳에만 보청 원조 시스템의 고정식 기기가 설치되어 있을 뿐이다. 구의회에서 이 시스템의 보급을 요구한 결과, 반입 가능한 보청 원조 시스템이 도입되었다. 그러나 이에 대한 홍보는 시설의 이용 신청이 있을 때에 한해서 설비를 설명하는 것에 불과했다.

이용에 불편이 있는데도 대책을 마련하지 않아 계속 꺼려졌던 시설에 갑자기 청각장애인이 사용 신청을 한다는 것은 상상하기 어렵다. '불편해서 잘 오지 않게 된 사람들도 알 수 있도록 홍보해야 한다'라고 구의회 위원회의 석상에서 강력히 요구한 결과, ≪구청 정보 알림지≫에 기기 도입 홍보글이 게시되었다. 그러나 '의원에게 한 소리 들었기 때문에 했습니다'라는 식의 대응 방식에 솔직히 질리기도 했다. 저들 스스로가 당사자 입장에서 상상해보게끔 만들 수는 없을까라고 생각하게 된 일례였다.

실어증 환자를 위한 대화 파트너 양성

문제를 알게 된 계기

구의회에서 구청의 야간 접수에 대해 질문한 것이 계기가 되어 실어증에도 관심을 가지게 되었다. 현재 호적과 매장 허가 등에 관해서는 많은 시, 정, 촌에서 24시간 연중무휴로 접수를 받고 있다. 세타가야 구의 경우 다섯 개의 종합지소가 야간 및 휴일 접수를 실시해 이에 대응하고 있다.

세타가야 구청 본청사에서는 청사 옆의 계단을 내려가면 나오는 지하 1층의 수위실에서 접수를 받는다. 그러나 외부에는 수위실로 이어지는 인터폰도 없었고 아무것도 없었다. 수위실에 가서 직접 물어보았다.

"휠체어를 이용하는 분들은 어떻게 야간 접수할 수 있나요?"

"전화 주시면 우회할 수 있도록 입구를 열어드립니다."

솔직히 좀 심하다고 생각했다. 구청의 전화번호를 외우고 있는 사람이 과연 얼마나 될까. 이것은 곧 이 청사가 지어진 후 수십 년 동안 휠체어 사용자들을 위한 야간 이용을 거절해왔다는 것을 의미했다. 잔업을 하는 직원들은 모두 이 통로를 지나갈 텐데…… 너무나 안타까웠다.

이를 계기로 나머지 종합지소 네 곳도 밤중에 시찰해보니 모두 인터폰으로 담당 직원을 불러야 했다. 건강한 사람에게는 충분한 시스템이어도 회화가 불가능한 사람이나 어려운 사람 입장에서는 난감하고 불편한 시스템이라고 생각했다. 나아가 '어떤 사람들이 말을 할 수 없을까' 생각해보니 청각장애인, 언어장애인, 후두암으로 후두를 적출한 사람, 실어증 환자 등이 떠올랐다. 실어증이 뭐였더라? 흥미가 생겨 조사해보았다.

실어증이란 뇌졸중 및 뇌종양, 두부외상 등에 의해 뇌의 언어를 관장하는 영역이 손상되어 언어 기능이 손실된 질병으로 고차 뇌기능 장애의 하나이다. 뇌졸중은 일본의 사망원인 중 3위를 차지한다. 다행히 목숨을 잃지 않은 경우에도 30~40%에게는 실어증이 남는다고 한다. 일본의 실어증환자는 50만 명에 달한다는 추계가 있으며, 청년층 중에서는 교통사고의 후유증으로 실어증을 앓게 되는 경우가 많다고 한다. 실어증은 언제든지 누구에게나 일어날 수 있는 장애라고 할 수 있다.

실어증에 걸리면 말하는 것뿐만 아니라 듣는 것, 읽는 것,

쓰는 것 각각에 지장을 받는다. 귀는 들리지만 말의 의미를 알아들을 수 없다든가, 눈으로 보는 문자와 문장을 이해할 수 없게 된다든가 하는 실어증 증상은, 마치 단어와 문자를 알지 못하는 사람이 외국에 혼자 남겨진 상태에 비유할 수 있다.

게다가 장기간에 걸쳐 재활치료를 받는다 해도 실어증을 완전히 치료하기란 어렵고, 가족과 의사소통하는 데 여전히 어려움이 남는다. 사회의 이해와 지원도 충분하지 않기 때문에 사회 복귀도 좀처럼 이루어지지 않는다. 본인과 가족의 고통은 정말로 심각한 실정이다.

현재의 장애등급 판정 체제에서 언어장애는 고작 3급이나 4급 판정을 받는다. 사회생활과 직업생활에 끼치는 영향을 고려해보면 실어증은 매우 무거운 장애이지만, 그 사실이 겉으로 드러나지는 않아서 신체장애인 수첩이 교부되지 않는 경우도 많다고 한다. 또 장애에 따른 어려움에 대응하는 행정 지원도 거의 제도화되어 있지 않아서 장애인 처우 개선에 대한 행정의 노력은 거의 지금부터 새로 시작해야 하는 단계인 것이다.

언어 훈련을 받을 수 있는 의료 기관을 겨우 찾았다고 해도 치료 기간이 한정되어 있기 때문에, 오랜 세월에 걸쳐 조금씩 회복하는 경우를 고려해보면 제도가 그에 대응하지 못하고 있는 상태다. 또 일정 기간 언어 훈련이 행해진다고 해도 그 후 어떤 식으로 생활해야 좋을지에 대한 방책이 전혀 마련되어 있지 않아서 실어증 환자 대다수가 곤란함을 겪고 있다. 중·장기적인 시야에서 지원 체제를 정비할 필요가 있다.

한 조사에 따르면 실어증 환자가 복직할 수 있는 비율은 8%에 지나지 않는다. 의사소통의 어려움과 몰이해가 취업을 가로막는 벽으로 작용하는 것이다. 한편 실어증에 걸려도 그 사람의 판단력과 기억력, 예의바른 태도, 그 사람의 성격에는 커다란 변화가 없다고 한다. 적절한 지원이 뒷받침되면 어느 정도 회복 가능한 능력들이 사장되고 있는 것이다. 세타가야 구 내에서 보면 실어증 환자를 주요 대상으로 한 작업소는 '오카모토 작업홈'의 타마즈츠미 작업장뿐으로 정원은 19명에 불과하다. 장애인용 1일 서비스에 참가하는 것도 소통의 어려움 때문에 오래가지 못한다.

의사와 간호사마저도 히라가나 50음표를 손가락으로 가리켜서 소통할 수 있다고 생각하거나 천천히 말하면 알 것이라고 오해하는 경우가 많다. 또 일반적으로 혀가 잘 움직이지 않아 말하는 데에 어려움을 겪는 기능장애와 스트레스로 인해 목소리가 나오지 않게 되는 증상을 혼동하는 경우도 적지 않다. 실어증 환자의 가족 중에서도 실어증을 올바르게 이해하고 효과적인 의사소통 수단을 사용하는 사람은 많지 않다. 알면 알수록 문제가 산적해 있다고 느낄 수밖에 없었다. 언젠가 도쿄 내에서 열린 젊은 실어증 환자의 모임에 참가할 기회가 있었을 때 당사자에게서 들은 이야기는 가히 충격적이었다. "병원 옥상에서 뛰어내리려고 했어요." 나보다 젊은 여성이 담담히 털어놓는 그 이야기에서 절망의 깊이가 드러났다. 함께 도시락을 먹으며 이야기를 듣던 나는 눈물을 참을 수 없었다.

사회와 이어주기

"실어증의 본질은 '고독병'이다." 많은 자료들 중에서 유독 눈에 들어온 이 한마디가 뇌리에서 떠나지 않았다. 당사자가 삶의 보람을 느끼고, 사회 복귀를 위해 필요한 기술을 배울 수 있도록 그들이 안심하고 참가할 수 있는 장소를 확보해야만 한다. 세타가야 구 안을 조사해보니 여섯 개의 실어증 그룹이 활동하고 있었는데 그 개최 빈도는 모두 월 1~2회에 불과했고 장소도 구의 중심부나 우메가오카의 종합복지센터인 경우가 많았다. 좌뇌의 언어 관장 영역이 손상되면서 오른쪽 반신이 마비된 채로 남는 경우도 많은데, 그들이 가볍게 참가할 수 있도록 하기 위해서는 일정한 지역마다 쓸 만한 장소를 확보해야 할 것이다.

나는 2005년 6월 회의에서 실어증 문제를 거론했다. 질문 시간에 훈련과 상담기능을 충실히 할 것, 취업을 지원할 것, 마음 편히 모일 장소를 제공할 것, 사회적 계발 기회를 제공하고 '실어증 회화 파트너'를 양성할 것 등을 요청했다.

실어증 대화 파트너란, 실어증 환자의 고민과 특성을 이해하고 적절한 의사소통의 연결 다리 역할을 하는 사람으로서, 시각장애인을 돕는 가이드 도우미나 청각장애인을 돕는 수화 통역자나 필기 통역자에 해당하는 사람들이다. 의회에 이런 뜻을 전달할 당시에는 지바 현 아비코 시, 요코하마 시, 이타바시 구의 지방자치단체 세 곳에서만 양성을 추진하고 있었다. 세타가야 내 종합복지센터에서 일하는 언어 청각사들 중 일본의 실어증 회화 파트너 양성에 깊이 관여하고 있는 분이 있는데도 불구하고, 행정에 관한 이해가 없어서 아무런 시도조차 하지 못한다는 것도 알 수 있었다.

질문을 하고 3개월 뒤에 구의 종합복지센터에서 실어증 회화 파트너 양성 교육이 시작되었고 센터 홈페이지에 실어증의 이해와 케어에 관한 정보가 제공되었다. 또 2006년 3월에는 실어증 회화 파트너 1기생 다섯 명이 배출되기도 했다. 그들이 구 내의 실어증 그룹에서 실전 경험을 쌓으면서 향후 실어증 환자와 사회를 잇는 역할을 해주기를 기대하고 있다.

엉망진창인 점자블록

'배리어 프리 거리 만들기'라고 하면 아마도 가장 먼저 떠오르는 것 중 하나가 '점자블록'일 것이다. '점자블록'이란 사실 등록된 상표명이며 정식 명칭은 '시각장애인 유도용 블록'이다. 점자블록은 1965년에 일본에서 발명되어 1967년에 오카야마 현에서 처음으로 실제 거리에 설치되었고, 그 후 전국적으로 정비가 이루어졌다. 국토교통성에 의하면 2005년 4월까지 전국에 2700만 장의 점자블록이 깔렸다고 한다.

블록이 전하는 메시지는 두 가지로 집약되는데 첫째는 안전한 진행 방향이고, 둘째는 위험 장소와 분기점, 목적지의 경고이다. 세로로 긴 돌기를 늘어놓은 선형의 블록은 '앞으로 나아감'을 뜻하고, 점의 돌기를 늘어놓은 블록은 '멈춤'과 '주의'를 뜻한다. 전자를 '유도 블록', 후자를 '경고 블록'이라고 부른다.

완전한 맹인일 경우, 발바닥의 감각과 시각장애인용 흰 지팡이를 활용해 거리의 노면을 더듬어서 유도와 경고를 식별할 수 있다. 그런데 놀랍게도 2001년 9월에 일본 공업 규격 JIS 에서 블록 돌기의 크기와 형태, 배열 상태를 결정할 때까지는 통일된 기준이 존재하지 않았다. 이 때문에 JIS 규격이 만들어질 때까지 34년간 기준이 불분명한 여러 가지 형태의 블록이 거리에 설치되었다.

그중에는 '유도'에 도움이 되기는커녕 오히려 혼란만 부르는 블록들, 다른 보행자에게 불쾌감을 주는 블록들도 적지 않았다. 시각장애인 입장에서 보면 걸어가다가 돌기의 종류가 갑자기 변해 혼란을 겪게 될 수도 있는 것이다. 27센티미터로 규격이 정해져 있는 유도 블록의 세로 선이 몇 센티미터 길이의 타원으로 대체되어 있는 경우도 적지 않기 때문이다. 이런 상태로는 위험한 장소를 제대로 나타낼 수 없다. 또 개중에는 '멈춤' 블록이 '경로'를 나타내는 블록으로 잘못 사용되어 계속 이어지는 경우도 있었다.

블록의 색깔에도 문제가 있었다. 시각장애인이라고 통칭해 부르기는 하지만, 장애인 수첩을 소지한 30만 1000명(2001년 후생노동성조사) 중 시각을 완전히 상실한 맹인은 40%에 약간 미치지 못했고, 나머지 대다수는 시야, 시력이 약간 남아 있는 약시 환자들이었다. 대다수 약시 환자들이 점자블록을 눈으로 보면서 걷기 때문에, 그들에게 필요한 블록은 눈으로 보아 바로 알 수 있는 블록이라고 할 수 있다. 그러나 실제로는 노면과의 색 구별이 어려운 블록인 경우가 적지 않았다.

이것에 대해서도 의회에 질문한 결과, 세타가야 구 내에서 2004년 6월까지 전역조사가 실시되었다. 조사해보니 설치된 곳에 해당하는 전체 1995곳 중 694곳(35%)의 블록이 부적절하다는 것을 알 수 있었다. 그 내역으로는 사이즈가 규격 외의 제품인 경우가 188곳, 황색 외의 색을 사용한 경우가 174곳, 미끄러지기 쉬운 소재인 경우가 84곳, 유도 방향의 오류가 167곳, 설치 장소의 오류가 152곳, 열화 및 파손이 100곳이었다. 개선이 필요한 곳은 전체의 35%로 면적비로는 39%에 달했다. 얼마나 많은 문제가 내재되어 있는지 여실히 드러난 것이다.

더욱 사태가 심각한 것은 지역의 배리어 프리화를 일찍 추진한 '선진지역'일수록 부적절한 블록이 많았다는 점이다. 세타가야 구 내에서는 구청과 병원, 복지시설이 집중되어 있는 세타가야 지역이 이에 해당했고, 개선을 필요로 하는 지점이 전체의 51%(면적비로는 67%)에 달했다. 구청 앞에도 JIS 규격에서 한참 벗어난 블록들이 깔려 있었다.

세타가야 구에서는 우선적으로 바로잡을 필요가 있는 316곳에 대해 2005년도부터 5개년 계획으로 개수를 시작했다. 구청 주변의 부적절한 블록도 2007년 봄까지 모두 교체 완료할 것을 정했다.

이와 같은 과제는 어느 지방자치단체에서든 가지고 있을 것
이 분명했다. 2006년 12월에 시행된 '신 배리어 프리법'에서는
모든 구, 시, 정, 촌에 대해 관리하고 있는 도로의 배리어 프리
화를 '노력 의무'로서 요구했다. 이념을 실천에 옮기기 위해서
는 현재 상황에 대한 조사가 불가결할 뿐만 아니라 재정적인
제약이 있더라도 가장 위험한 곳부터 개선해나갈 필요가 있다.
배리어 프리 시설에 남아 있는 다른 장벽들을 알아보고 세심하
게 마음을 쓰는 것이야말로 개선의 출발점이다.

정책 결정의 현장에서

    많은 사람들이 의회는 '숫자다'라고 생각한다. 이것은 반은 맞지만 반은 틀린 이야기이다. 내가 그렇게 생각하는 것은 의원이 되고 약 4년 동안 혼자서 활동하면서도 바꿀 수 있었던 것이 많았기 때문이다. 세타가야 구 구의회의 의석수는 52석이다. 의결권이라는 의미에서 내가 가진 힘은 기본적으로 52분의 1이라고 할 수 있다. 따라서 행정의 예산과 결산의 인정, 조직의 개정, 조례의 제정과 개폐에 관해 내가 가진 힘은 52분의 1이라는 수의 원리에 그대로 적용되고 만다. 그러나 그 이외의 상황이나 정책 책정 단계에서는 논의하는 것이 제일이다. 조금 거창하게 들릴지도 모르겠지만 의원 한 사람 한 사람이 가지는 가능성은 무한대이다.

    30초를 남겨두고 진행된 논의가 행정의 사죄와 선처의 답변을 끌어내는 경우도 허다하다. 세타가야 구의회에서는 의원 한 사람 한 사람에게 질문할 권리와 시간이 평등하게 주어지므로,

머릿수로 승부하는 것이 어렵다고 하더라도 논의로 승부해 볼 수 있다. 이를 위해서는 행정직 공무원 이상으로 공부하고 힘 있는 논리를 전개할 수 있도록 논거와 열정을 가지는 것이 중요하다.

의원이 되고 난 직후에는 부탁하지도 않았는데 '질문을 써왔습니다'라고 하면서 미리 작성된 질문지를 주어서 놀란 적이 있다. 그 후에도 '질문을 작성할까요'라고 먼저 확인해오는 경우가 몇 번 있길래, 나는 "미리 짜고 하는 시합은 하지 않습니다. 적당히 할 생각은 없어요"라고 말했다. 그렇게 거절하고 나니 질문을 작성해서 나타나는 공무원은 더 이상 보이지 않게 되었다.

의회의 질문권은 쓰는 방법에 따라 커다란 압력으로 작용할 수도 있고 현재 상황을 파악하는 도구가 될 수도 있다. 또 잘못을 인정하게 만들 수도 있고 선처를 구하거나 결단을 요구할 수도 있다. 논의하는 이상 스스로 교섭 카드를 늘려나가는 것이 사태 개선의 열쇠가 되는 것이다. 문제점을 분명히 하고 그것을 명확히 지적해 개선을 요구하는 것이 의원의 일이라고 생각한다.

행정에 대한 시민들의 불신이 담긴 목소리를 자주 듣기도 한다. '오후 5시가 되면 칼같이 퇴근할 수도 있고 실적 압박도 없어서 편하겠다······.' 대개 그런 이미지가 일반적이다. 그러나 실제로 접해보면 대다수 공무원들이 높은 평가를 받을 만하게 일한다. 성실히 업무를 수행하는 매우 우수한 공무원들이 많다. 툭 터놓고 진지하게 이야기하면 서로 이야기가 잘 통하는 경우도 많다. 현 상황의 문제점에 대해 향후 나아가야 할 방향성에 대해 공통의 견해를 공유할 수 있는 경우도 많다.

그러나 조직이 되면 그 유연성이 약화된다. 평등을 지나치게 중요시한 나머지 행동할 수 없게 되는 것이다. 실패의 가능성을 두려워해 위축된 모습이 되기도 하고 전례에만 얽매이게 된 나머지 방침을 새롭게 바꾸지 못하게 되기도 한다. 또 종적 관계로 인해 연계 활동이 잘 이루어지지 못하기도 한다. 그래서 최종적으로 '어떻게 이런 둔중한 결론이 나왔을까' 하고 의아하게 생각한 적도 여러 번 있다.

지역 의회에 관심을 가지는 주민은 많지 않다. 그러나 의회에는 공개의 원칙이란 게 있고 그에 따라 의사록이 공개된다. 행정은 공식적인 논의의 장에서 추태를 드러내는 것을 꺼리므로 그에 따른 긴장감도 생긴다. 의회는 사회를 비추어내는 거울이라고 생각한다. 좋든 나쁘든 '시민'의 수준이 반영되어 있는 것이다. 의회와 행정에 불신을 품고 있다면 그것을 바꾸는 일도 시민이 해야 한다.

그렇다면 실제로 어려움을 겪고 있는 시민이라면 어떻게 해야 할까? 일단 어떤 식으로든 그 사실을 알리는 것이 절대적으로 필요하다. 예를 들어 '구청장에게 보내는 엽서'가 있다. 구 시설 곳곳에 그 창구가 비치되어 있으므로 이를 이용하는 것도 한 방법이다. 또한 구청에 직접 팩스를 넣어도 좋다. 세타가야 구청이라면 통상 일주일 안에 어떤 형태로든 답을 발송하도록 되어 있다.

관공서 입장에서는 있는지 없는지 알 수 없는 일들에 대해 예산과 인재를 배치하기가 솔직히 어렵다. 하지만 작은 목소리라고 하더라도, 일단 그러한 목소리가 '있다'라는 사실이 제기되면 그것을 '없는 것'으로 하지는 못한다. 꼭 처음부터 이름을 대고 모습을 드러내서 호소하지 않더라도 일단 문제의 소재를 전해야 한다. 각자 스스로 할 수 있는 방식으로 목소리를 내기만 하면 된다. 비록 소수자라고 하더라도 우리는 대다수가 생각하는 것처럼 무력하지 않다. 방법은 아주 많다는 것을 부디 많은 사람들이 알게 되었으면 한다.

6장

침묵에서 발언으로

/

바꾸어나가는 방법

비방 문구가 적혀 있던 대자보. 어느 날 아침, 역에서부터 구청까지 이어지는 길가의 전신주에 이러한 대자보가 붙어 있었다. (요컨대, 트랜스젠더가 된 것은 사탄의 속임수에 넘어갔기 때문이라는 내용이다. _옮긴이)

침묵, '존재하지 않는다'의 또 다른 이름

"그런 이야기는 별로 들어본 적이 없는데요."

"그런 사람이 과연 얼마나 될까요."

"이제까지 그런 인식은 없었습니다."

5장에서 언급한 오스토메이트와 한부모 가정, 실어증, 성 소수자를 비롯해, 정말로 곤란한 처지에 놓여 있는데도 불구하고 아무런 소리도 내지 못하는 여러 소수자들의 문제에 대해 내가 구의회에서 질문했을 때, 구의원들은 이구동성으로 그런 말을 했다. 들을 때마다 마음 한구석이 울적했다.

여러 번 반복해 말하지만 사회에 목소리를 내기 위해 나아가는 사람들이 많다는 것을 나도 잘 안다. 나 스스로도 그랬기 때문이다. 그러나 정책 결정의 현장에 들어와서 통렬히 느낀 것은 바로, '목소리를 내지 않으면 존재하지 않는 것과 같다'라는 사실이었다.

세상은 모든 일을 소위 '일반'과 '상식'이라는 기준에 끼워 맞쳐서 보려고 한다. 그러나 현실에 그렇게 끼워 맞출 수 있는 경우들만 있는 것도 아니고 오히려 '상식'으로 여겨지는 것이 오해인 경우도 적지 않다. 그런데도 사람들은 웬만해서는 그런 것까지 생각하려 들지 않는다.

그렇기 때문에 얇고 넓게 존재하는 소수자들은 더욱더 서로서로 연대해 '우리가 여기에 있다'라는 것을 목소리 내어 호소하지 않으면 안 된다. 그렇게 하지 않으면 소수자들의 문제는 늘 개별적인 '특수 사례'이기만 할 뿐이어서 사회문제화하기 어렵다. '사람들의 고정관념과 생각은 좀처럼 변하지 않는다'라는 것을 구의원으로 약 4년간 활동해보고 나서야 절실히 통감했다.

지금은 인터넷이라는 편리한 도구가 있어서 블로그 등을 통해 자신의 정보와 생각을 전하는 사람들이 매우 많다. 편견을 두려워하는 당사자들끼리도 만날 수 있다는 점에서 인터넷 사회의 익명성이 장점으로 기능하는 경우도 많다. 그러나 어디까지나 인터넷상의 정보는 관심이 있는 사람만 찾아가서 보는 구조여서 모든 이들이 접촉할 수 있는 것은 아니다. 신문과 잡지 같은 매스미디어가 가진 영향력도 작지 않지만, 사람들은 역시 관심 있는 것에만 시선을 두기 때문에 개별적인 문제가 조금씩 게재되어도 보지 못하고 지나쳐버리고 만다.

던져진 돌 하나로 파문이 번지는 것처럼 보일지 몰라도, 사회의 저류를 바꾸는 것은 결국 당사자들의 노력이다. 말하지 않으면 결코 전해지지 않는 기쁨과 슬픔도 있다. 말하지 않는 사람은 존재하지 않는 것과 같은 취급을 당하는 것이 현실이다. 아쉽지만 마음속의 외침이 정책에 저절로 반영되는 경우는 없다. 당사자가 용기를 내서 힘과 지혜를 짜내어 목소리를 높여나가지 않으면 없는 취급을 당하고 만다. 그것이 이 사회의 현실이다.

자기긍정감 갖기

    자신의 존재를 사회에 알릴 때 우선적으로 필요한 것이 있
다면 바로 자기긍정감이다. 누구든 예상치 못하게 어떤 일의
당사자가 될 수 있다. 일단 그렇게 되었다면, 그 사실을 스스로
어떻게 소화하고 이해해나갈 것인지가 가장 처음으로 만나게
되는 난관이다.

    스스로를 인정해나가는 과정에서 첫걸음이 되는 것은 당사
자들끼리의 만남이다. 사정에 따라서는 스스로가 떠안고 있는
문제를 수용하는 것마저 어려울 수 있다. 그러나 나는 다른 사
람과 만나 같은 눈높이에서 이야기 나누는 것을 통해 치유를
얻을 수 있었고 나 자신을 '발견'할 수 있었다. 또 가치를 인식
하는 방법이 다양하다는 것도 배웠고 대처하는 방법에도 여러
가지가 있다는 것을 알게 되었다. 서로의 경험을 이야기하고
나누며, 아픔을 서로 알아주고, 각자 자기다운 방법으로 생각
해보면서 새로운 한 걸음을 내디딜 수 있었다. 최근에는 다양

한 소수자 그룹의 활동이 활발해졌다. 물론 스스로 한 걸음 내디뎌보는 용기는 필요하겠지만, 자신에게 맞는 그룹을 잘 찾는다면 행정 서비스 등의 사회적 자원에도 접근할 수 있게 되는 등 얻을 수 있는 것이 무척 많다.

그다음으로 필요한 것은 사회 속에서 자신이 어떠한 위치에 놓여 있는지를 여러 시점에서 확인해보는 것이다. 당사자들의 활동과 노력으로 바꿀 수 있는 문제가 있는가 하면, 자신을 둘러싼 사회가 대응해주지 않으면 결코 해결할 수 없는 문제도 있다. 그러한 문제에 봉착했을 때는 자신과 사회와의 접점이 어디에 있고 사회에 무엇을 요구해야만 하는지, 또 그것을 위해 어디에 가서 어떻게 일을 추진해야 하는지 등을 정성적인 측면과 정량적인 측면에서 이해해야 한다. 하지만 스스로를 잘 이해하지 못한다면, 호소를 해보는 것 자체가 어려운 경우도 있다. 그러한 상황을 타개하기 위해서는 자신을 객관적으로 파악하고 다시 돌아보는 작업이 필요하다. 그런 작업을 통해 얻은 것이 다음 단계로 나아가는 데 핵심이 될 것이다.

행정과 정치를 움직이는 것도 결국 사람이다. 일을 추진할 때 어떠한 표현 방법을 쓰느냐에 따라 상대방의 기분이 아주 쉽게 바뀌기도 한다. 그래서 우리가 항상 키워드로 내세우는 것이 '상이한 점보다 비슷한 점을 보자'이다. 공통점에 더 스포트라이트를 두고 상대방의 공감을 더 얻어낼 수 있도록 공감을 키워나가는 방식으로 말을 해야 한다. 여러 가지 문제에 직면한 당사자는 곧잘 '우리는 이런 점에서 달라요'라고 주장하기 쉽다. 그러나 다른 점을 강조하는 것만으로는 공감대를 형성하기 어렵다.

'차별이 두려워서'라고 하며 목소리 내는 것을 주저하는 사람도 많은데, 꼭 처음부터 자신의 프라이버시를 모두 드러낼 필요는 없다. 3장에서 말했듯이 나도 이전에는 공공 직업 안내소 헬로 워크에 전화해 '성 동일성 장애'인 것과 이전에 남성으로 일을 했고, 지금 여성으로서 일하고 있다는 것, 고용보험에 기재된 성별이 현실과 달라서 곤란함을 겪고 있다는 것 등을 실명을 밝히지 않고 상담한 적이 있다.

전화를 받은 담당자 입장에서는 아마 예상치 못한 상담이었을 것이다. 실제로 그런 사람을 만난 적도 없을뿐더러 그런 사람의 상담은 들어본 적은 더더욱 없다는 식의 반응이었고, 처음에는 놀란 것 같았다. 그러나 열심히 사정을 설명해나가니 나중에는 내 입장에서 함께 밀착해서 생각해주었다. 너무 놀라 어찌할 바를 모른 채 진지하게 상대해주지 않은 사람도 있었지만 세상에 그런 사람만 있는 것은 아니다. 그들 모두 자신이 담당하는 일의 범위 안에서는 도대체 무엇이 문제가 되는지 분명히 알고 있다. 자신들이 대처할 수 있는 일은 어떤 것이고, 대처할 수 없는 부분은 어떤 것인지 설명해주기도 했다. 내 말에 친절한 자세로 귀 기울여주고 가능한 한 설명해주려는 사람에게는 나 자신의 프라이버시를 밝히고 이야기를 한 단계 앞으로 진행시켰다.

연금수첩의 성별에 관해서도 '여성'으로서 사회에 참여하는 데 장애가 되었기 때문에 상담했다. 최종적으로 성별을 바꾸는 데는 실패했지만, 상담해준 담당자는 정성껏 내 이야기를 들어주었고 나를 만나주었다. 분명 그 사람들은 눈앞에 같은 체온을 가진 사람이 있었다는 사실을, 그리고 그가 자신의 체험을 진지하게 이야기했었다는 사실을 잊지 않았을 것이다.

따라서 행정에 대해서도, 사회에 대해서도, 아무것도 하지 않고 포기한 채 모든 것에 문을 닫아버리는 방식은 다시 생각해볼 필요가 있다. 나 자신이 정말로 곤란한 상황에서 이것저것 해보며 얻은 결론이다. 성의를 담아서 공손하고 진실하게 한 마디 한 마디 전달해나가다 보면, 나와 같은 입장에서 생각해주는 사람도 적지 않게 만나게 될 것이다. 열의는 반드시 전해지는 법이다. 이것을 깨닫는다면 문제를 사회화해나가는 실마리를 찾을 수 있을 것이다.

당사자의 진정성 있는 목소리를 들은 사람은 같은 공공기관에서 계속 같은 부서에 근무하지 않는다고 하더라도 어떠한 계기로든 도움을 주거나 이해를 촉진할 수 있도록 여러 힘을 보탤 것이다. 더욱 많은 사람들과 만나고 그들의 공감대를 얻어낸다면 사회는 틀림없이 더욱 변할 것이다. 적어도 '존재하지 않는' 것이 되어버리는 일은 없을 것이고, '그런 사람이 어디 있습니까'라는 소리도 더 이상 들리지 않게 될 것이다. 행정 공무원이 '들은 적 있는 이야기네요', '저도 만난 적이 있습니다'라고 말한다면, 똑같이 일을 추진한다고 하더라도 결과는 분명 달라질 것이다. 포기해서 새로 생겨나는 것은 아무것도 없다. 힘내서 적극적으로 상담하고 목소리를 내보자.

목소리를 확실하게 전달하기 위하여

'체온'으로 전하다

당신은 혹시 '의원은 나와 거리가 먼 사람'이라는 이미지를 가지고 있지 않은가? 나도 예전에는 그랬다. 공연히 의원이라고 하면 지역의 명사라든지 무언가 조직적인 백그라운드가 있다든지 해서, 어떤 의미에서 좋든 나쁘든 권력자라는 인식이 있었다. 하지만 지금은 그러한 인식이야말로 정치와 멀어지게 만드는 요인이라고 생각한다. 벽을 만든 것은 결국 내 생각에 갇혀 있던 나 자신이었을지도 모른다는 생각마저 든다.

의원이 되고 나서 느낀 것은 시민과 의원 간에 아직도 심리적인 거리가 있다는 사실이다. 여전히 대다수의 시민이 '나를 만나주기나 할까' 하고 생각하지만, '요구하기만 하면 만나고자 하는 의원이 많다'는 것이 지금의 나의 생각이다.

행정의 변화를 요구해야 하는 문제도 있을 것이고, 정치로

만 해결할 수 있는 문제도 있을 것이다. 만약 해결하고 싶은 문제가 있다면 먼저 자신이 살고 있는 지역의 의원과 상담해보는 것이 좋다. 정치가는 우리의 대변자이자 우리가 고른 대표자이다. 상대의 이해를 얻을 수 있을까라는 불안한 마음이 드는 것도 확실히 알지만, 그래도 두려워하기만 해서는 아무것도 해결할 수 없다. 우리가 정책 결정의 현장에 보낸 대변자에게 우리의 '체온'과 생생한 목소리로 의견을 전달하는 것이 중요하다.

많은 사람들이 자신의 문제를 호소하려 할 때 가장 먼저 하는 것이 거리로 나가 시민 연대를 구축하는 일이다. 전단지를 배부하거나 서명 활동을 하거나 하는 것이 일반적인 발상이다. 그러나 정책 결정의 현장에서 바라보면, 서명 활동에 들이는 노력과 땀이 행정과 의회에 어느 정도의 무게로 받아들여지고 있는지에 대해 의문을 품게 된다.

진정서에 몇만 명의 서명을 첨부해 행정기관에 제출한다고 해서 그것을 담당한 행정기관이 의원 각각에게 설명하거나 하는 일은 없다. 매스컴 보도라도 되지 않는 이상 서신 정도의 임팩트밖에 주지 못하는 것이 보통이다.

그뿐만 아니라 몇만 명의 서명을 첨부한 진정서를 의회사무국에 제출한다고 해도 의회를 채결할 때 직접적으로 결과에 반영되는 것도 아니다. 의원이 그 서명부를 직접 손에 들고 확인하는 일은 통상 하지 않는다. 늘 배부되는 방대한 자료 중 한 페이지에 숫자만 나열되어 보고되고 마는 것이 전부이다.

반면 의원 본인을 직접 만나서 의뢰하는 '로비'의 임팩트는 크다. 무언가를 열심히 호소하는 사람의 박력은 좀처럼 잊기 어려운 법이다. 그 표정과 목소리는 기억에 강한 인상을 남긴다. 단순히 행정과 의회사무국에 서명부를 건네고 마는 방법으로는 좀처럼 그 체온이 전해지지 않는다.

자신이 껴안고 있는 문제를 어떤 의원에게 호소하는지도 중요하다. 의원 각자의 관심 분야와 생각하는 방식, 논의의 역량을 알기 위해서는 의회 홈페이지를 열람하는 것이 꽤 도움이 된다. 한 예로 전국 시의회 의장회가 정리한 '시의회 활동에 관한 실태조사'(2005년 12월)에 따르면, 전국 778개 시(도쿄 23구를 포함) 중 시의회 홈페이지를 운영하는 시는 728개로 약 94%에 달했다. 또한 홈페이지에서 의회의 의사록을 검색할 수 있는 시는 472개로 60.7%에 달했다. 관심 있는 키워드로 의사록을 검색해보면 지금까지의 논의와 그 발언자, 행정 측의 생각을 파악하기가 비교적 용이하다. 인터넷을 이용할 수 없을 때에도 의회의 의사록을 의회·공공기관·공립 도서관 등에서 열람할 수 있는 경우도 많다. 지금까지 이루어진 구체적인 논

의 유무에 대해 의회는 '정책운영을 위한 자유토의의 장'으로
서 공개하는 것이 원칙이다. 직접 그 모습을 방청하면서 의회
를 좀 더 가까이에서 느껴볼 수 있다. 의원 개인의 연락처도
공개가 원칙이니 의회사무국에 문의하면 확인할 수 있다.

청원권, 우리 모두의 권리

청원권이란 국가와 지방의회, 행정기관 등에 법률·명령·
규칙의 제정·개폐, 공무원의 파면, 행정제도의 개선 등을 문
서로 요청하는 권리를 말한다. 일본 헌법 16조는 "누구든지 손
해의 구제, 공무원의 파면, 법률, 명령 또는 규칙의 제정, 폐지,
개정, 그리고 그 외 사항에 관하여 평온한 청원을 할 권리를 가
지며, 누구든지 청원을 한 것을 이유로 어떠한 차별대우도 받
지 않는다"라고 규정하고 있다. 청원권은 미성년자와 외국인,
법인을 포함한 모든 사람에게 보장되어 있으며 혼자서도 행사
가 가능한 권리이다.

청원이 접수된 관공서는 그 수리를 거부할 수 없다. 청원을
수리해 성실히 처리하는 것이 청원법에 의한 의무로 규정되어
있기 때문이다. 국회에 청원할 때는 국회의원의 소개가 필요
하며, 지방의회에 청원할 때는 의회의원의 소개가 필요하지만

의원은 한 사람의 소개로도 충분하다.

제출된 청원서는 그 내용에 따라 의회에 설치된 상임위원회 및 특별위원회가 심사한다. 심사 결과는 '채택해야만 하는 것', '불채택으로 해야 할 것', '계속심의'로 구분되어 의장에게 보고된다. 의장은 본회의에서 이를 의논에 부친다. 무사히 채택되는 청원은 국가의 경우 내각에, 지방인 경우 구, 시, 정, 촌 등의 행정 집행기관에 송부된다. 그러면 집행기관은 의회의 의사를 존중해 성의를 다해 이를 처리해야만 한다.

즉, 청원은 의원 단 한 명의 서명만 있어도 의회와 행정을 움직일 수 있는 제도인 것이다. 매우 훌륭한 제도라고 생각하나 대다수 시민이 그 존재조차 알지 못하는 것이 현실이다.

2005년 제162대 통상국회에서는 중의원에만 약 250개의 청원이 제출되었다. 그러나 결과는 대부분 '심사 미료'였다. 서명이 100만 개 넘게 첨부된다고 해도 그것이 채택의 결과로 이어진다고는 단정할 수 없다. 국회가 민의를 정확히 반영하고 있다고 말하기 어려우며 지방의회도 비슷한 상황이다. 세타가야 구 구의회에서도 의회 시즌이 되면 청원서명을 요구하는 시민과 만날 기회가 늘어난다. '조금 더 능숙하게 일을 진행시킬 방법이 있는데……'라고 생각되는 경우도 여러 번 있었다.

앞서 말한 것처럼 청원은 최소 의원 한 명 이상의 서명이 있어야지만 성립된다. 물론 기본적으로는 의회의 위원회에서 각각 심사하지만, 서명한 의원의 의회에서의 위치가 판단에 상당한 영향을 미친다. 의회는 정당과 회파 간의 세력다툼이 일고 대립이 소용돌이치는 곳이다. 청원하는 본인에게는 다른 뜻이 없다고 하더라도 어떤 정당이나 어떤 회파에 동조하는 것으로 보일 경우 갑자기 차가운 태도를 취하는 의원도 있다. 그래서 어떤 회파가 단체로 서명을 한 경우, 다른 회파의 반응이 꽤 좋지 않은 경우도 왕왕 일어날 수 있다.

따라서 채택을 목표로 한다면 될 수 있는 한 많은 회파의 서명을 미리 받아두는 것이 가장 좋다. 그러나 어느 회파의 서명을 요구하고 일을 추진해나가는지에 따라 결과가 달라질 수 있다. 의원의 서명이 필요한 이상 현실적으로 의원의 당파성이 문제시되는 것이다.

의논이 이루어지는 위원회에서 회파별로 의견이 갈릴 경우 '계속심의'라는 '창고행 결정'이 날 가능성이 높아진다. 의견이 갈리는데 굳이 한쪽으로 결론을 내서 채택, 불채택을 확실히 정하는 경우는 드물다. 이를 회피하는 하나의 수단으로서 진정서를 제출하는 방법도 있다. 진정도 청원과 함께 특정 문제에 대해 이해관계를 가지는 주민이 관공서에 그 실정을 문서로 호소하고 적절한 조치를 요청하는 방법이다. 그러나 청원이 헌법에 보장되어 있는 권리인 것과 달리 진정은 법적인 보호를 받지 못한다.

하지만 진정도 청원에 준하는 취급을 받을 수 있나 없나 하는 문제는 의회마다 다르다. 의장의 판단하에 청원에 준하게 처리하는 의회에서는 당파성이 문제가 되지 않아 좀 더 부드럽게 논의될 가능성이 있다. 따라서 각 의회가 진정을 어떻게 처리하는지 취급 요령을 확인해 현명하게 이용하는 것이 바람직하다. (각 의회의 취급 방침은 의회사무국에 문의하면 알 수 있다.)

또한 청원서와 진정서에 적힌 대강의 내용도 그 결과를 크게 좌우한다. 하나의 문서에 많은 요구 사항을 늘어놓을 경우, 모든 요구 사항을 인정받을 가능성은 당연히 낮아진다. 10가지 요구 사항 중 하나가 받아들여지기 어려울 때는 전체 '불채택' 처리가 되어 전체를 부정당하는 경우도 발생할 수 있다.

회파는 '채택', '취지 채택', '일부 채택', '불채택' 등 여러 가지 표현을 사용해 의사를 표명하고 있으나, 위원회 심의에서 채택을 받아내기 위해서는 많은 회파가 받아들이기 쉬운 내용으로 작성하는 것이 바람직하다. 같은 내용의 호소라도 절절히 실정을 호소하는 쪽이 일반적으로 의원의 공감을 얻기 쉽다. 감정적으로 누군가를 규탄하는 식으로는 취지에 찬동할 수는 있어도 '이 내용에는 찬성하기 어렵다'는 식이 되기 십상이다. "회

파를 방문하는 순서만으로도 결과가 달라질 수 있습니다", "이
렇게 글을 쓰면 더 나을 것 같습니다"라고 청원서를 들고 방문
하는 사람들에게 살짝 조언해주기도 한다.

청원이 채택되면 행정적으로 꽤 강력한 효과가 있다. 의회
는 국가와 지역의 최고 의사결정기관이며, 그곳에서 결정된 사
항은 청원이든 진정이든 존중해야 하기 때문이다. 의회도 사
람이 움직이는 곳이다. 그 이상과 현실의 사이에서 어떻게 전
진해 나아갈 것인지, 사전의 준비와 전략에 따라 결과는 바뀔
수 있다.

직접청원

주민에게는 '직접청원'이라는 권리도 있다. '직접청원'이란
유권자가 직접 도, 부, 현, 시, 정, 촌 등의 지역자치단체에 조
례 제정 등을 요구하고 의사를 반영할 수 있도록 하는 제도이
다. '지방자치'에서는 선거에 당선된 주민 대표가 의회에서 사
안을 결정하는 간접민주주의제도가 원칙이나 의회의 결정이
민의를 올바로 반영한 것이라고는 할 수 없다. 이러한 간접민
주제의 부족한 점을 보완하기 위해 만들어진 것이 직접청원 제
도이다.

지방자치단체는 직접청원의 대상으로서 조례의 제정과 개폐, 사무의 감사, 의회의 해산, 지방자치단체의 장과 의원의 해직(소위 리콜제도), 특별한 입장에 있는 공무원의 해직 등 다섯 가지를 인정하고 있다. 직접청원을 하는 자는 대표자로서의 증명서를 선거관리위원회로부터 교부받은 후, 일정 기간 안에 유권자의 서명을 모아야 한다. 조례의 제정과 개폐, 감사청구를 하는 경우 유권자 총수의 50분의 1 이상의 서명이 필요하며, 의회의 해산과 지방자치단체의 장 및 의원의 해직 등을 청원하는 경우에는 원칙적으로 유권자 총수의 3분의 1 이상의 서명이 필요하다.

청원으로 변화를 일으킨 사례로는 도쿠시마 현 요시노가와 시의 하구 근처에 있는 제10보를 철거하고 거대한 가동댐을 건설하려는 국가의 계획이 도쿠시마 시 주민의 직접청구운동으로 2000년 1월에 취소된 사례가 잘 알려져 있다. 이는 주민투표조례의 제정을 요구한 직접청구의 결과였다.

이때 필요한 서명 수는 유권자 총수의 50분의 1이므로, 유권자 총수 70만 명인 세타가야 구에서는 1만 4000명의 서명이 필요한 셈이다. 내용에 따라 불가능한 숫자만은 아니다. 서명 활동을 할 때 제도를 알고 행한다면 행정과 의회에 미치는 영향도 더욱 커질 것이다.

로비

나는 '성 동일성 장애인 특례법'이 성립될 때까지는 진정을 하는 쪽에도 있어보았고, 성립된 후에는 의원으로서 진정을 받는 쪽에도 있어보았다. 이 과정들을 통해 로비에는 다음의 두 가지가 꼭 필요함을 알게 되었다. 하나는 '공감'을 얻어내는 것이며, 다른 하나는 주도면밀한 조사와 그에 따른 전략이다.

일본의 의회는 대부분 회파 제도를 취한다. 그러므로 법률과 조례를 만드는 의회를 구성하는 회파 간의 관계성과 각 회파의 의사결정 순서를 잘 이해해둘 필요가 있다. 또한 의회 자체의 룰과 일정도 꼭 알아야 한다. 그에 대한 것은 4장에서 언급한 바 있다.

공감을 어떻게 키워나갈 것인지에 대한 유일하고 절대적인 룰은 존재하지 않는다. 그러나 알기 쉽게 전달하는 것은 매우 중요하다. 현실적으로 따지면 법률 제도는 결국 '선 긋기의 논의'로 환원된다. 그어진 선의 안쪽에 무사히 속하는 경우도 있지만, 이상과 현실의 갈등이 발생하는 경우도 생길 수 있다. 현실의 사태는 복잡하고 다양하지만 그것이 전부 법률에 반영된다고는 단정할 수 없다. 의회에는 보수적인 의원도 있고 진보적인 의원도 있다. 과반수의 찬성을 얻기 위해서 어디에 초점

을 맞출 것인지, 현실적인 판단이 성패의 열쇠를 쥐고 있다는
건 틀림없는 사실이다.

설명에 설득력이 없다면 성공하기 어렵다. 이상만을 추구하
며 사태의 복잡성과 다양성을 주장한다고 해서 의원의 공감과
이해를 과연 얼마나 얻어낼 수 있을까……. 냉정한 판단이 매
우 중요하다. 그것이야말로 전략인 것이다.

의회에서 이곳저곳을 방문하고 일하면서 느낀 것은 결국 의
원도 사람이라는 것이다. 그들에게 건방지고 흥미 없는 이야
기로 여겨지면 협력을 얻어내기 어렵다. 또 의원은 '의리와 인
정'에 약한 면도 있다. 주먹을 쥐고 팔을 흔들며 분노를 쏟아내
는 것과 문제를 절실하게 호소하는 것의 결과는 당연히 다를
수밖에 없다. 의원의 기분이 의결에 짙게 반영되는 것이다. 의
회와 의원을 지혜롭게 이용하는 지혜를 터득한다면, 틀림없이
정치는 좀 더 가까운 곳에서 도움이 될 수 있을 것이다.

위험한 권리의식

십여 년간 많은 트랜스젠더들을 접하면서 최근 트랜스젠더들의 의식에 커다란 변화가 있었음을 느꼈다. 10여 년 전만 해도 트랜스젠더 그룹에 선글라스와 마스크를 착용하고 참석하는 사람들이 적지 않았다. 개중에는 고민을 공유하는 동지들에게조차 이름과 얼굴을 절대 알리고 싶어 하지 않는 사람들이 많았다. 사회의 뿌리 깊은 차별과 편견을 두려워한 나머지, 단 한 번의 프라이버시 노출로도 가족과 가까운 친구들, 사는 곳과 일터 등 모든 것을 잃게 되지 않을까 염려한 것이다.

그러나 최근에는 취업 면접에서 처음 만난 면접관에게 '성 동일성 장애'임을 공표했다고 하는 이야기도 꽤 자주 들린다. 또 학교에서 전교생을 앞에 두고 '성 동일성 장애'임을 밝힌 학생이 있다는 이야기도 여러 번 들었다. 말 그대로 격세지감을 느낀다. 한편으로 보면 자기긍정감이 높아지고 강한 '권리 의식'이 생겼다고 볼 수 있다.

"취업 면접에서 성 동일성 장애라는 사실을 밝혔더니 불합격이 되었다. 이건 차별이 아닌가?" '성 동일성 장애'를 공표하고 의원직을 수행하고 있는 나에게 종종 이러한 불만의 목소리가 전국에서 접수되곤 한다. 그러나 일개 지방의원인 나에게까지 이런 전화를 하는 사람들의 이야기를 듣고 느낀 것은 그 상담 중 대부분이 '일을 얼마나 잘하는가, 주변사람과 잘 협조할 수 있는가'와 같은 일과 관련된 내용에 포인트를 둔 것이 아니라 무작정 '성 동일성 장애라는 사실'을 호소하는 것에서 시작하는 경우가 많다는 것이다. 회사는 일에 도움이 되는 인재를 찾고 있는 것이다. 회사 담당자가 듣고 싶은 이야기는 그런 점에 관한 어필이지 '성 동일성 장애'에 관한 이야기가 아니다. 그런 이야기는 다른 문제가 아닐까.

'성 동일성 장애'뿐만 아니라 어떤 절실한 문제를 안고 있을 경우, 그것에만 의식이 집중되어서 다른 것에 나눌 에너지가 한정되어버리기도 한다. 물론 그동안 사회적 차별을 겪으면서 아무래도 상대방의 태도를 지레짐작하게 되고 마는 경우가 있다는 것도 잘 안다.

그러나 무리하게 애쓰지 않고 담담히 말했을 때 "제가 오해했군요. 미안합니다"라고 솔직하게 사과할 것 같은 상대에게마저, 유무를 따지지도 않고 바로 규탄하며 사죄를 요구하는 일이 일부에서 일어나고 있다는 이야기를 들을 때면, 서로에게 너무 불행한 일이라는 생각밖에 안 든다.

"그건 차별입니다. 인권 침해입니다!", "내 권리는 법률로 인정되어 있습니다!" 그렇게 주먹을 흔들어가며 규탄했을 때 확실히 형식상의 사죄는 받을 수 있을지도 모른다. 그러나 그것이 상대의 마음에서부터 우러나온 반성과 사죄라고는 단정할 수 없다. 그저 시끄러운 상대를 조용하게 만들기 위한 방편으로서 '사죄의 포즈'를 취한 것이기에, 그런 방식이 오히려 커뮤니케이션을 저해하지 않을까 염려된다. 이러한 권리 의식은 정말 위험하다.

나는 상대의 마음을 먼저 헤아려보고 상상해보는 소통 방식이 이해의 열쇠가 아닐까 하고 생각한다. 그리고 그러한 작은 노력들이 쌓여야 사회에 뿌리 깊게 자리 잡은 편견이 비로소 바뀔 것이라고 믿는다.

괴롭힘에 지지 않는 방법

호적상 남성이었다는 사실을 공표하고 구의원 선거에 출마했을 때부터 지금까지 내게는 다양한 중상과 비방이 있었다. 그러나 그 대부분은 '정치가 가미카와 아야'에 대한 중상이나 비방이 아니라 내가 '성 동일성 장애'의 당사자인 것에 대한 몰이해로 인한 괴롭힘이었다.

구의회 선거 활동을 할 때는 확실히 따뜻한 지지의 목소리가 많았다. 그러나 보고 듣는 모든 반응이 수용적이었던 것은 아니다. 오히려 성원이 늘어날수록 입에 담기 어려운 욕을 해대는 목소리도 늘었다. "뭐야, 오카마야?"라는 조소, "부모님이 어떻게 키운 거야"라는 매도의 목소리까지. 인터넷상의 중상과 비방은 익명성에 힘입어 더욱 심했다. 그리고 그 수는 날로 증가했다. 중상의 창끝은 나뿐만 아니라 지원해주는 가족과 친구들, 지인들에게까지 향했다. 주위 사람들이 이런 게시물은 안 보는 게 좋다고 조언해주어서 보지는 않았지만 지금도 여전히 이상한 사람들이 있다는 것은 들어서 알고 있다.

당선 후에도 여러 가지 괴롭힘이 있었다. 의회에서 처음으로 질문했을 때는 군복을 입은 사람들이 '가미카와 나와라!'라고 외치며 의회에 난입해, 사무국 사람들에게 제지당하는 소동이 있었는가 하면, 특례법에 대한 보도가 한창일 때는 역에서부터 구청까지 이어진 전신주에 "오카마 세타가야 구의원에게"라고 쓴 벽보가 붙기도 했다(226쪽 사진). 또 사무소에는 "남자가 여자가 되고, 여자가 남자가 되는 일은 용서받지 못할 짓이다", "변태는 설치지 말고 조용히 있어라!" 등의 비난 전화가 끊이지 않았다.

사무소에는 늘 전화벨 소리가 끊이지 않았고 그때마다 야마지가 혼자서 정중히 시간을 들여 응대했다. 대부분의 전화가 특례법에 관한 보도를 보고 '하루아침에 남녀가 바뀔 수 있다는 인식이 생겼다', '남자와 여자를 왔다 갔다 하는 것이 가능하게 된 줄 알았다' 등의 편견과 오해, 정확한 지식을 갖지 못한 것에서 비롯된 내용들이 많았다고 한다.

처음에는 여러 중상과 비방에 신변의 위협을 느끼고 무서워서 긴장도 했지만, 최근에는 조금이나마 객관적으로 바라볼 수 있게 되었다. 또 표면에 보이는 괴롭힘이 당장에는 눈에 잘 띄지만, 그렇다고 많은 사람들이 그 정도로 확연한 편견이나 판단을 가지고 있는 것도 아님을 알게 되었다. 실제로 '성 동일성 장애'라는 사실을 공표하고 더 많은 따뜻한 사람들과 이어질 수 있었다. 선거에 임할 때까지 사실을 밝히지 못했던 친척들, 동급생, 전 동료들로부터 셀 수 없이 많은 응원을 받았다.

나의 호적 성별 변경에 허가 결정이 내려지던 날, 세타가야 역에서 내려 밖으로 나가던 중에 예전에 알던 구 공무원분을 우연히 만나 이야기 나누었던 게 잊히지 않는다. "오랜만이네요. 오늘 제 성별이 바뀌었어요!"라고 말하니, 그는 "축하합니다!" 하고 눈을 크게 뜨고 만면에 웃음을 지으며 악수해주었다. "처음에는 편견을 가지고 있었어요. 그래도 말씀을 들으면서 '이 사람 정말 진지하구나' 하고 생각했지요. 제가 정말 무식했어요." 그 말을 듣고 거꾸로 내 쪽에서 고개가 숙여졌다.

무엇이 올바르고, 무엇이 잘못되었는지의 문제는 좀처럼 분명히 알 수 있는 것이 아니다. 모든 일이 '그렇다고 여겨지는 생각들'과 '불문율'에 의해 움직이기 때문에 '평범한 것', '당연한 것', '~다운 것'이라는 애매한 가치관에 얽매여 있다. 결국 비밀을 밝혔을 때 모든 것을 잃어버리게 되지는 않을까 하는 두려움의 절반 이상은 스스로의 지나친 생각에 불과한 것인지도 모른다. 사회는 흔히 '고개 숙인 사람'을 부정적으로 평가하고 태도가 '당당한 사람'을 긍정적으로 평가한다. 사회의 가치관에 사실 절대란 없고, 기준이란 것도 애매한 것이 아닐까? 나는 그런 식으로 생각하면서 세상이 변하기 쉽다는 사실을 냉정히 바라보게 되었다.

자신의 신념을 어떻게 표현하는지에 따라 주위의 평가는 크게 달라진다. 따라서 겉으로 드러나는 중상과 비방의 목소리, 괴롭힘에 시선을 빼앗겨서 필요 이상으로 겁을 먹거나 다른 모든 사람들이 자신을 비난하고 있다고 생각할 필요는 전혀 없다. 당당하게 살아도 좋다. 실제로 사람들의 평가는 매우 다양하다. 긍정적인 자세로 봐주는 사람들도 반드시 있다. 사람은 개념을 신뢰하는 것이 아니라 사람을 신뢰한다. 진지하게 말을 전했을 때 그 성의에 응해주는 사람은 결코 적지 않다.

나는 '자그마한 목소리, 사회에 전해라!'와 '엮다'라는 두 개의 말을 소중히 여기면서, '목소리가 되지 못한 목소리를 듣자'를 신조로 삼고 있다. 우리 주변에는 목소리를 내려는 사람들이 있다. 또 목소리를 내지 않아도 희미하게 동의해주고 이해해주는 사람들도 있다. 그런 사람들이 많다는 것을 기억했으면 좋겠다. 나도 그들의 존재를 더욱더 알아갈 수 있기를 소망한다. 목소리가 되지 못한 목소리에 연대하고, 이를 엮어나가는 일은 매우 중요하다. 이것이 바로, 나의 '괴롭힘에 지지 않는 사고방식'이다.

7장

'평범'이란 대체 무엇일까

진정한 관용사회에 대하여

경계선, 그 자의적인 기준

경계선에 대하여

장애인에 대한 현행 사회보장제도는 별수 없이 사람들 사이에 자의적인 분할선을 넣어 경계를 만든 뒤, 그룹별로 이름을 붙이고 장애인인지 아닌지 구분하는 프로세스를 필요로 한다.

5장에서 언급한 청각장애인 등급을 예로 들어보자. 원래 사람의 청력 정도는 불편함이 전혀 없는 상태부터 귀가 전혀 들리지 않는 정도까지 연속적으로 분포한다. 청각장애인의 등급을 나누는 것은 이 연속선상에 자의적인 분할선을 넣어서 나누는 작업이다. 그런데도 우리는 '건청자'와 '청각장애인'이라는 표현을 꽤 안이하게 사용하고 있다.

청력은 통상 데시벨㏈이라는 단위로 표시된다. 듣는 데 아무런 불편함이 없는 '건청자'가 0데시벨이며, 청각장애인으로 인정되는 초기 레벨은 양쪽 귀에 70데시벨 정도의 청력 손실이 있을 때다. 70데시벨은 보청기 같은 보조 장치가 없으면 TV의 볼륨을 매우 높여도 그 소리를 잘 듣지 못하는 수준이라고 한다.

그러나 실제로는 40데시벨 정도의 청력 손실만 있어도 일상생활에 지장이 생겨서 보청기가 필요하게 된다고 한다. 노화로 귀가 어두워진 대다수 고령 난청자가 이 정도의 수준이다. 즉, 일상생활과 사회생활에서 겪는 곤란한 정도와 장애의 등급이 반드시 일치하지는 않는다. 현행 제도로는 일상생활이 곤란할 정도의 청력 손실이 있는데도, 아무런 인정도 받지 못하고 행정적 지원도 받을 수 없는 사람들이 적지 않다.

또한 청력의 불편한 정도에 대해서도 국가마다 행정 지원 대상으로 인정하는 기준이 다르다. 2005년도 『장애인백서』에 따르면, 2000년부터 2002년도까지 총인구에서 장애인이 점하는 비율을 처음으로 추계해보니 '대략 국민의 5%가 어떠한 형태로든 장애를 보유하고 있다'라는 결과가 나왔다. 대충 따져서 국민 20명 중 1명꼴이다.

한편 미국에서는 장애인의 비율을 5명 중 1명으로, 스웨덴에서는 3명 중 1명으로 집계되었다. 국제적으로 보아도 일본의 장애인 인정에 관한 선 긋기는 엄격한 것을 알 수 있다. 극도로 곤란한 수준이지 않은 이상 장애인으로 인정조차 받을 수

없음을 여실히 보여준다. 덧붙여 일본은 그 인정 방식으로 '신
청주의'를 채택하고 있다. 즉, 본인 스스로 장애가 있음을 받아
들이고 적극적으로 신청하지 않으면 주어지지 않는, '타자에
의한 인정'이 기본이 된 제도인 것이다.

'장애의 유무'라는 선 긋기로 생겨난 이쪽과 저쪽. 이러한 구
분은 굉장히 애매한 것이며, 항상 장단점을 포함하고 있는 것
이다. 또한 '장애인'의 삶의 질은 그를 둘러싼 사회 환경에 따
라 크게 좌우된다. 그러한 의미에서 같은 사회에 속한 사람들
모두가 '장애'를 형성하는 당사자라고 말할 수 있지 않을까. 이
쪽과 저쪽을 나누어 생각하는 것이 아니라 똑같이 우리 자신의
문제로서 생각해나가야 한다.

시대와 장소가 바뀌면

'성'을 둘러싼 논쟁도 시대와 함께 변해왔다. 그것을 확인하
는 의미에서 동성애의 사회적 지위 변천에 대해 언급하려 한
다. 1997년에 도쿄 스루가다이에 있는 메이지 대학 형사박물
관에서 열린 '유럽 고문전'에 다녀온 적이 있다. 내가 방문한
날의 전시회장은 비교적 한산했지만 일본에 전시품이 오기 전
멕시코에서 열린 순회전에는 100만 명이나 견학을 왔었다고

한다.

전시품들은 중세에서 근대에 걸쳐 형사재판과 종교재판 등에 사용되었던 실제 고문기구와 형기구 등이었다. 전시품마다 도구가 사용된 연대와 지역, 해당 벌을 받았던 대상자가 열거되어 있었다. 그중 나를 놀라게 한 것은 실제로 많은 기구가 종교적 이단자나 마녀, 동성애자를 고문하고 처형하는 데 사용되었다는 사실이다.

중세 유럽의 기독교는 동성애를 배덕한 것으로 여겨 동성 간 성행위를 한 사람을 교회재판소에 넘겨 처벌했다. 그 후 유럽 각국에서는 주로 남성 간의 성행위를 죄로 여겨 이를 처벌하는 '소도미 법Sodomy law'이 널리 확산되었다.

'소도미'란 넓은 의미로는 생식에 관계되지 않는 '부도덕'한 성행위 전체를 가리키며, 좁은 의미로는 동성 간의 성행위를 가리킨다. 이것은 '구약성서'에서 동성 간의 성행위에 빠진 시민이 많아 멸망당한 것으로 나오는 '소돔'이라는 도시에서 유래했다.

유럽에서 소도미 법이 완전히 자취를 감춘 것은 1980년대로, 유럽의 인권재판소가 각국에 남아 있는 소도미 법이 유럽 인권조약에 위반된다고 판결한 다음부터다. 한편 미국에서는 최근까지도 소도미 법이 남아 있다가 2003년 6월 26일 미국연방최고법원이 내린 획기적인 판결이 계기가 되어 폐지되었다. 텍사스 주에서 제기된 '소도미 법 무효를 요구하는 소송'에 대해 미국연방최고법원이 소도미 법이 연방법에 비추어 개인의 프라이버시를 침해하고 있어 위헌이라는 결론을 내보인 것이다. 그에 더하여 이 판결은 텍사스 법뿐만 아니라 미국 13개 주에 남아 있던 동종의 소도미 법도 모두 위헌이라고 판단했다. 이 단 하나의 판결로 과거 50개 주에 제정되어 있던 소도미 법이 미국에서 완전히 모습을 감추게 되었다.

한편 20세기에 들어서면서 동성애가 정신질환으로 인식되었는데, 1952년에 미국정신의학회가 발표한 진단기준 DSM-I에는 동성애가 '병적 성욕을 동반하는 정신병적 인격'으로 정의되었다. 미국정신의학회가 진단 기준에서 동성애를 삭제한 것은 1973년이 되어서이다. 동성애자의 인권회복을 요구하는 게이 단체들의 고조된 움직임이 삭제를 가능케 한 배경이 되었다고 알려져 있다.

WHO의 질병 분류 ICD는 1993년 개정 제10판에서 "동성애는 어떠한 의미에서든 치료의 대상이 되지 않는다"라고 선언했다. 그리고 일본 정신신경학회가 동성애를 정신장애로 보지 않는다고 밝힌 것은 1995년의 일이다. 현대의학에서는 더 이상 동성애를 '병'이나 '이상 증상'이 아닌, 이성애와 동등한 성의 한 형태로 보는 것이다. 시대가 변하면 사회 인식도 변한다는 사실을 새삼 생각하게 된다.

미국의 인권 권리 옹호 단체 '휴먼 라이트 캠페인Human Rights Campaign'의 2006년 9월 조사에 따르면, 미국 전역에서 동성애자 · 양성애자에 대한 차별 등 '성적 지향'을 이유로 한 차별을 금지한 주는 이미 아홉 개 주에 달한다. 또한 '성적 지향', '성별 정체성' 모두에 대한 차별을 금지한 주도 여덟 개에 이른다.

동성애자를 둘러싼 이러한 사회의 가치관은 범죄에서 정신 질환으로 변했다가, 다시 개개인의 개성으로 받아들여지면서 그 존엄이 지켜져야만 하는 것으로 변화해왔다. 일본의 '성 동일성 장애'를 돌이켜 생각해보면, 의학적인 위치를 얻어 공적인 치료가 시작된 다음 성별 변경을 가능하게 하는 법제도가 생겨나는 순서로 변해온 것이다.

앞으로 '성 동일성 장애'와 트랜스젠더에 대한 사회의 인식도 한층 바뀌어갈 것이다. 지금도 관련 의료 제공 기관이 증가하고 있으며, 특례법이 제정된 후에는 직원의 요구에 응해 재직 상태를 유지한 채로 성별 취급을 변경하는 기업도 늘고 있다. 2006년 5월에는 초등학교 2학년 아동이 의료 기관과의 연계하에서 본인이 희망하는 성별로 바꾸어 큰 화제가 된 적이 있다. 비단 이 사례뿐 아니라 교육 현장에서도 중학교, 고등학교, 대학교 등이 모두 유연하게 대응하는 추세로 바뀌고 있다.

우리는 이렇게 사회적으로 널리 확산되어가는 것을 적극적으로 평가하는 동시에 더욱 전진을 이루어나가야 한다. 사회의 이해가 깊어질수록 '탈병리화'를 요구하는 당사자들의 목소리도 더욱 높아질 것이다. 현재 상황은 결코 우리가 세운 목표의 완성형이 아니며, 더욱 좋은 사회 환경을 손에 넣기 위한 발걸음에 불과하다. 한 사람 한 사람이 가진 '성'의 존재 형태가 사람 간의 다양성으로 받아들여지는 날이 속히 오기를 마음속으로 간절히 바란다.

성 소수자 인권의 현재

학교가 가르쳐주지 않는 것

아기를 낳은 산모들이 가장 처음으로 받는 질문은 대부분 다음과 같은 것이다. '아기는 건강해? 남자아이야, 여자아이야?' 현재 일본에서는 신생아가 태어나면 2주 이내에 성별 기재를 포함한 출생신고서를 제출해야 한다. 성별은 두 다리 사이를 보면 한눈에 알 수 있는 것으로 인식된다. 일반적으로 페니스가 있으면 남자아이, 갈라진 틈이 있으면 여자아이라고 인식되며 그에 의문을 제기하는 사람은 드물다.

그러나 일설에 의하면 실제 다리 사이를 보는 것만으로는 성별을 판별하기 어려운 아이들이 2000명 중 한 명꼴로 태어난다고 한다. 이를 일본의 출생 수에 대입해보면 한 해 600명 정도의 아기가 중간 형태의 성기를 가진 채 태어나는 것이 된다. 더욱이 일본의 총인구에 대입해 생각해보면 그 수는 약 6

만 명에 달한다. 우리는 이러한 사람들을 가리켜 흔히 '간성 intersex'이라고 부른다.

의외라고 생각할 수도 있지만 원래 남성의 성기와 여성의 성기는 같은 조직에서 나누어져 발달한 것이다. 남자아이의 페니스와 여자아이의 클리토리스는 같은 조직에서 발생된 것이며, 마찬가지로 남자아이의 음낭과 여자아이의 음순도 같은 조직에서 생겨난 것이다.

사람은 누구든 어머니의 배에서 생명으로 잉태되어 7주 동안 '성적 양능성 시기'를 거친다. 이 시기에는 글자 그대로 신체가 남자인지 여자인지 확실히 구분되지 않는다. 아직 미분화된 상태인 것이다. 그렇다면 남자와 여자는 어떻게 갈라지게 되는 걸까?

일반적인 학교교육에서는 '성 염색체가 XX이면 여자아이, XY로서 Y염색체가 있으면 남자아이로 태어난다'고 한정적인 정보만을 가르친다. 그러나 실제로는 여러 가지 다양한 경우가 존재한다. 성 염색체 하나만 보더라도 X가 하나만 있는 여성이 있는가 하면, XXX로 세 개인 여성도 있다. 또 XXXY인 남성도 있고, XYY로 Y가 두 개인 남성도 있다. 학교교육에서 가르치는 것은 전형적인 것에만 한정되어 있을 뿐 절대로 '전부'는 아니다.

남녀의 형상이 확실히 구분되지 않는 성적 양능성 시기를 지나 남녀가 갈라져 나아가는 데에는 세 가지 단계가 필요하다. 먼저 기본적으로 여성 성기의 개조형이 남성 성기라는 사실을 알아야 한다. 전형적인 남성의 성기가 형성되는 첫 번째 단계는 'Y염색체의 존재'이다. 더욱 자세히 설명하면, Y염색체에 있는 고환 결정 유전자의 존재인 것이다. 이것에 의해 고환이 형성된다.

그다음 단계로 '남성호르몬이 적절한 시기에 적절한 양만큼 분비'되는 것이 필요하다. 이것이 동일한 조직이었던 것을 남성 성기의 형태로 개조하는 프로모터 역할을 한다. 마지막으로 호르몬을 받아들이는 '수용체의 존재'이다. 고환이라는 투수가 호르몬이라는 공을 던졌다고 해도 이를 받아줄 포수, 즉 수용체가 없으면 호르몬의 효과가 발휘될 수 없다. 이상의 모든 것이 조화롭게 연계되어야만 이윽고 전형적인 남성 성기가 형성되는 것이다.

Y염색체상의 고환 결정 유전자가 없는 경우, XX라는 본래 여성의 성 염색체에 고환 결정 유전자가 함께 붙는 경우, 고환이 충분히 호르몬을 방출하지 않는 경우, 충분히 호르몬이 나왔다고 하더라도 선천적으로 수용체가 없는 경우, 그리고 그 기능이 충분하지 않은 경우 등 여러 사정에 의해 개조가 중도

에 끝나버릴 경우에는 '중간적인 성기'가 되기도 한다고 알려져 있다. 바로 이러한 경우가 이전에 언급한 판별이 어려운 아이라는 결과로 이어지는 것이다.

이 외에도 외견상의 성기가 전형적인 성별의 것으로 보여도 정소, 난소라는 생식기관이 반대인 경우, 드물게 정소와 난소를 둘 다 가지고 있는 경우, 정소와 난소 둘 다 없는 경우 등 다양한 경우가 존재한다.

또한 비전형적인 성기를 '이상한 것'으로 보고 본인의 동의도 없이 수술을 진행하는 경우도 끊임없이 나오고 있다. 그 아이는 다른 사람이 정한 성기와 호적상의 성별을 가지고 살아가게 되는 것이다. 출생신고서에 성별 기재를 보류하는 길이 존재하지만 거의 알려져 있지는 않다.

우리의 몸은 언뜻 보면 남녀로 깔끔하게 나누어져 있는 것처럼 보여도 실은 전형적인 여자에서 전형적인 남자까지 쭉 나열되어 있는 좌표축의 어느 한 점에 위치하는 것에 불과하다. 그리고 어디에 위치하고 있든지 모두 사람으로서 동등한 가치를 지닌 존재인 것이다. 사회제도도, 사람들의 인식도, 남녀를 명확히 구분할 수 있다고 생각하지만 본래 인간은 더욱 훨씬 다양한 존재인 것이다.

동성에게 끌린다는 것

선입관을 더욱 풀어헤친다는 의미에서 다음의 두 가지 질문에 '네' 혹은 '아니오'로 대답해보기 바란다.

질문 1: 당신은 지금까지 동성(당신이 남성인 경우에는 남성, 여성인 경우에는 여성)에 대해 성적으로 끌린 적이 있습니까?
질문 2: 당신은 동성에 대해 성적인 흥미를 느껴서 신체를 만지거나 한 적이 있습니까?

1994년 6월부터 9월까지 만 13세에서 24세의 젊은이를 대상으로 삿포로, 도쿄 23구, 나고야, 오사카, 후쿠오카 등 5대 도시의 주민기본대장에서 무작위로 1만 명을 추출해 프라이버시를 지키는 형태로 다음 조사를 행했다. 위의 두 질문은 후생성 과학 연구비 사업의 '사춘기 시절 파트너 관계에 대한 조사'의 질문 일부이다(유효 응답 수 1968통).

질문 1에 '네'라고 답한 일본의 젊은이는 20.2%였고, 질문 2에 '네'라고 대답한 젊은이는 10.1%에 였다. 이 결과를 어떻게 생각하는가? 아마도 예상보다 비율이 높다고 생각하지 않을까 추측해본다. 한 번이라도 동성에게 끌린 적이 있는 사람은 5명

중 1명이었고, 신체적 접촉을 가진 사람은 10명 중 1명인 셈이었다. 즉, 가족 중에도, 친구 중에도, 동급생 중에도, 그리고 동료 중에도 그러한 사람이 있다는 것을 증명하는 숫자인 것이다. 이 조사 결과를 분석, 논평하고 소개한 저서 『청소년의 에이즈와 섹스青少年のエイズとセックス』의 편저자인 무나타카 쓰네쓰구宗像恒次 씨는 다음과 같이 적었다.

일본의 인구를 대상으로 대규모 무작위 추출 조사가 행해진 것은 처음이라고 생각한다. 남녀 모두에게서 약 10%의 동성애 지향적 성적 지향을 확인할 수 있었으나, 이는 세계적으로 보아도 일반적인 비율이다. 10%에 달하는 동성애 중학생과 고교생을 고려한 성교육과 에이즈 교육이 필요하다. 참고로 성교육의 학습 목표에 종종 '이성에 대한 사랑을 기른다'라는 표현이 종종 보이는데, 이는 매우 차별적인 표현이다. 이에 대해 슬픔을 느끼는 학생이 적지 않을 것이다. 이를 '인간에 대한 사랑을 기른다'라는 표현으로 정정하는 것이 바람직하다.

이 의견에 나는 완전히 동의한다. 실제로 많은 동성애자들이 사실을 솔직하게 터놓을 수 없는 부자유함과 소외감을 강요받고 있다. 아직까지 일본 사회에서는 '이성애가 당연한 것'이기 때문이다.

한 걸음 더 나아가서 보면 사람이 누군가를 좋아하는 것은 당연하다는 전제가 깔려 있다. 그러나 성애는 그렇게 단순한 것이 아니다. 동성을 좋아하는 사람이 있는가 하면 남성, 여성 어느 쪽도 성애의 대상으로 보지 않는 사람도 있고, 성욕 그 자체를 느끼지 않는 사람도 있다. 그러나 그러한 사람들은 세상에서는 울타리 밖의 존재나 다름없다. 본래 누군가에게 끌린다는 것, 끌리지 않는다는 것은 다양한 일인데도, 소수자들은 사회에서 이단시되는 압박 때문에 다물 수밖에 없는 것이 현실이기 때문이다.

일본의 학교는 성의 다양성을 가르치지 않는다. 부모도 가르쳐주지 않는다. 사회의 분위기도 아직 성의 다양성을 존중하는 분위기가 아니다. 이 때문에 스스로를 부정하고 장래를 절망적으로 보는 아이들이 지금도 고독하게 괴로워하고 있는 것이다. 그런 아이들의 복지를 위해서도 학교교육 내용은 시급히 재검토되어야 한다.

근처에 있어도 눈치채지 못하는

1999년, 교토 대학의 히다카 야스하루日高庸晴 씨가 중심이 되어 인터넷을 통한 남성 동성애자 또는 동성애 성향을 가진 사람들을 상대로 행한 조사*에 따르면, '자살을 생각해본 적이 있다'라는 질문에 대해 그렇다고 답한 비율이 64%, '자해행위 또는 자살미수를 실행한 적이 있다'라는 질문에 대한 대답이 15%를 넘었다. 같은 방식으로 '성 동일성 장애'에 대해 2001년 오카야마 대학 의학부에서 실시한 조사에서는 '자살을 생각한 적이 있다'라는 질문에 대한 응답이 75%, '자살미수나 자해행위를 실행한 적이 있다'라는 질문에 대한 응답이 31%에 달했다.

지금까지 사회에서 성 소수자는 모두 한 묶음으로 취급되어 왔다. 그들은 밤거리에서 접객업 관련 일을 하고, 향락적인 삶을 사는 사람들로, 또 이상하고 웃긴 사람들로 취급되어왔다. 지금도 매스컴에서 그런 식으로 다뤄지는 경우를 심심찮게 찾아볼 수 있다. 하지만 사회가 만들어놓은 그러한 분위기와 당사자들의 실제 모습에는 정말로 큰 차이가 난다는 것만은 알아주었으면 한다.

역시 문제가 되는 것은 '사회제도의 벽'과 사람들의 '마음의 벽'이다. 이 두 가지가 변하지 않는 한, 성 소수자에 대한 인식

---

* 히다카 야스하루 외 지음, 「게이 · 바이섹슈얼 남성의 건강 레포트」, 후생노동성 에이즈대책 연구 추진사업, http://www.j-msm.com/report/report01/

의 변화는 기대하기 힘들다. 앞에서 본 것처럼 사회에 성 소수자가 10~20%나 존재하고 있다는 사실은 자신의 형제와 친구, 동료들 중에도 그러한 당사자가 있을지 모른다는 것을 의미한다. 그런데 대다수가 그것을 깨닫지 못하고 있다. 그렇게 되면 어떠한 일이 일어날까?

TV에서 동성애자가 우스갯거리로 이야기되는 것을 보고 주변의 가까운 사람이 '역시 이 새끼들은 징그러워'라고 말하는 것을 본 당사자는 어떤 마음이 들까? 나의 경우 겉으로는 웃어 보였다. 그러나 마음속에서는 '이 사람에게는 절대로 말하면 안 되겠구나'라는 슬픈 마음이 들었다. 이는 많은 당사자들이 자신의 가족과 주위 사람들에게 품고 있는 감정이다.

이런 걸 생각하면 나는 너무도 가슴이 메어온다. 내 친구인 사람들이 지금도 같은 생각에 괴로워하고 있다는 것을 알기 때문이다. 나는 트랜스젠더라는 사실을 공표했지만 내 주변에는 부모님이나 형제에게도 자신이 동성애자인 것을 밝히지 못한 사람들이 많다. 최근에도 비슷한 나잇대의 동성애자 친구들과 함께 저녁을 먹었는데, 그중 가족에게 마음속 이야기를 털어놓은 사람은 단 한 명도 없었다.

그들은 말한다. "나는 어릴 때부터 이미 마음속으로 내가 남들과 다르다는 걸 느꼈어. 사춘기 시절에 다시 그걸 깨달았고.

하지만 스스로 인정하는 데까지만 5년, 10년, 15년이 걸렸지. 지금에야 겨우 나대로 괜찮다고 생각할 수 있게 되긴 했는데, 그래도 형제나 부모님한테는 솔직히 말 못 하겠더라. 사회제도나 분위기가 나 같은 사람들은 존재하지도 않는 것처럼 형성되어 있는걸"이라고 말이다.

평등이란 선택의 기회를 동일하게 제공하는 것

성을 둘러싼 가치관도 국가에 따라 천차만별이다. 여전히 동성애자를 과격하게 배제하는 사회가 있는가 하면, 이성에게만 한정되었던 혼인제도를 동성 간에 허용한 사회도 있다. 2001년, 동성 간 결혼이 세계 최초로 네덜란드에서 가능해졌다. 남자끼리든 여자끼리든 결혼할 수 있도록 법이 정비된 것이다. 2년 뒤에는 이웃국가 벨기에에서도 같은 법 개정이 이루어졌고, 뒤이어 2005년 여름에는 캐나다와 스페인이 동성결혼을 합법화했다. 가톨릭 국가로서 동성애에 부정적인 스페인에서도 호세 루이스 사파테로José Luis Zapatero 총리가 동성혼 실현을 공약의 하나로 들어 당선되었고, 그 공약을 지켰다.

사회에서 무엇을 '평범'이라고 칭하고 무엇이 당연하다고 여기는지에 대한 규범은 매우 다양하다. 그래서 같은 행위를 해도 축복받는 나라가 있는가 하면 그 행동으로 사형에 처해지는 나라도 있다. 평등한 권리와 존엄이란 무엇인지, 사회의 룰은 어떠한 형태로 되어야만 하는지 등의 논의는 국가와 사회에 따라 완전히 다를 수 있는 것이다.

네덜란드, 벨기에, 스페인과 같이 제도를 바꾼 나라들도 있지만, 동시대여도 일본에서는 아직 그러한 변화의 조짐이 보이지 않는다. 그 때문에 많은 당사자들이 자신의 진실한 마음을 그 누구에게도 말하지 못하고 있으며, 직장에서든 가족과 친구 앞에서든 항상 거짓말을 해야만 하는 스트레스를 짊어진 채 살아간다.

'동성애자끼리 굳이 결혼하지 않아도 같이 살기만 하면 되는 거 아냐?'라고 생각하는 사람이 있을지도 모르겠다. 일본에서는 연장자가 부모가 되어 연하인 사람을 아들로 삼는 양자의 연을 아주 간단히 맺을 수 있다. 서류 하나로 가족이 될 수 있고 재산 분여 등의 권리도 보장받는다. 그래서 그것을 혼인을 대신하는 해결책으로 삼는 동성애자가 있는 것도 사실이다. 그러나 그것은 어디까지나 대안에 지나지 않으며 진정한 해결책이 아니다. 이성애만을 전제로 한 기존의 혼인제도로는 평등한 권리를 보장받을 수 없다. 오랜 기간 함께하며 파트너로서 관계를 구축한다 해도 동성 간에는 아무런 권리도 보장되지 않는다. 재산 분여 등 가족의 권리도 없고 파트너로서 사회적인 인정도 얻지 못한다. 그것이 얼마나 잔혹한 것인지 알아주었으면 좋겠다.

나는 같은 인간으로서 그들에게 평등한 선택권을 보장해야한다고 생각한다. 법률은 그러한 배제와 잔혹한 현실을 바꾸는 데 결정적인 쐐기 역할을 하는 수단이다. '성 동일성 장애인 특례법'의 사례를 보듯이 법률이 만들어지면 공적인 인지도가더욱 올라가고, 공공기관에서는 동성애자의 현실을 없는 것으로 취급하지 못하게 된다. 명시적인 효과도 상당하다. '이는 인권상의 과제이다'라는 점을 많은 사람들에게 이해시킬 수 있다. 결혼을 하고 안 하고는 개인의 자유이나 선택할 수조차 없는 것은 불평등이다.

일본의 헌법에는 혼인이 '양성의 합의'에 의해서만 성립된다고 헌법에 명시되어 있고 그 '양성'은 남녀를 가리킨다고 해석된다. 헌법을 개정하지 않는 한 동성 간의 혼인은 인정되지 않을 듯하지만 헌법을 개정하려면 국회의원 3분의 2 이상의 동의와 국민투표에서 과반수의 찬성이 반드시 필요하므로(일본헌법 제96조) 이를 달성하기란 쉽지 않다. 그러나 동성 커플이가지고 있는 문제를 아는 한 사람으로서 나는 어떻게 해서든이 문제를 해결해야 한다고 생각한다. 그들이 살기 좋은 세상

으로 바꾸어나가기 위해 당사자들이 목소리를 내고 법의 제
정·개정을 호소해나갈 필요가 있다고 생각한다.

우리가 인생에서 내리는 선택은 다양한 것이어야만 한다.
혼인이라는 형태를 인정하지 않을 경우 그 파트너십을 보장하
는 차선의 대책이라도 마련되어야 옳다. 나는 선택지의 폭을
넓혀나가고 싶다. 그러기 위해서는 반드시 사회 시스템을 알
필요가 있다. 어떻게 표현하고 일을 추진해나가는지에 따라
결과는 매우 달라질 것이다. 앞으로 이러한 의식을 가지고 연
대하여 사회 속에서 변화의 물결을 만들어나가자.

'평범'이란 대체 무엇일까

 '평범'이란 대체 무엇일까? 나는 어린 시절부터 나 자신이
'평범'하지 않다고 생각했고 혼자서 고민하면서 살아왔다. 희
미한 기억까지 거슬러 올라가면 아주 어렸을 적부터 이미 성적
인 위화감을 가지고 있었고 나 자신이 어떤 사람인지를 이해할
수 있는 힌트가 하나도 없는 상태에서 어린 시절을 보냈다. 주
위는 '표준적'인 것을 옳다고 여기는 가치관과 분위기로 가득
차 있었고, 남들과 다른 나만의 독특한 부분을 긍정적으로 새
롭게 받아들일 수 있는 기회를 오랫동안 갖지 못했다.

 나답게 행동하는 것만으로도 혼자 붕 떠버리고 마는 어린
시절. 어른들의 가치관은 아이들의 작은 사회에서도 투영되어
있었고, 주위 아이들이나 어른들에게도 "계집아이같이 나긋나
긋하다", "너 남자아이잖아", "좀 더 남자답게 행동해라"라는
말을 반복해서 들으며 '교정'을 요구받았다.

 그러기를 20여 년……. 나는 나 자신의 솔직한 감정을 억누

르고 죽이며 살아왔다. '평범함'을 연기하면 당장은 순조로운 인생을 살 수 있었다. 그러나 단 한 번도 마음속에서 진정으로 행복하다고 여겨본 적이 없다. 오히려 행복한지 행복하지 않은지를 가늠해야 할 내 마음은 계속해서 비명을 지르고 있었던 것이다.

20대가 다 지날 무렵에야 사회의 가치관을 내면에 품어 받아들일 수 있게 되었고, 나 자신이 이상하다고 또 '그렇게 생각하도록 되어 있다'는 사실도 깨달았다. 자기 자신을 거짓으로 포장하면서 산다면 결코 행복해질 수는 없다.

이것을 깨닫고부터 나는 나 자신에게 '평범'을 강요하는 일을 그만두고 나다운 성을 모색하기 시작했다. 나답게 살고 싶었던 나는 그로부터 10년 뒤에야 돌고 돌아 '여성'에 도착했다. 그리고 나답게 살 수 없었던 사회가 견딜 수 없어서 얼굴을 드러내고 호소하기 위해 의원이 되었다. 의원으로서 사회에서 묻히기 쉬운 수많은 문제들을 수면 위로 끌어올리면서 다시 확인한 것은 '사람은 사회적인 존재다'라는 사실이었다. 사람은 자기결정만으로는 행복해질 수 없다. 주위 사람들과 사회가 그 사람만의 삶의 방식을 어떻게 평가하는지에 따라 그 사람의 삶의 난이도가 간단히 바뀌어버리기 때문이다.

그렇기 때문에 우리는 사회에 변화를 요구하고 행동해나갈 필요가 있다. 개개인의 '나다움'이 인정되는 사회를 만들기 위해, 그리고 한 사람 한 사람의 존재 방식이 존중받고 설령 '평범'하지 않더라도 그 존엄이 지켜지는 사회를 만들기 위해서말이다.

2005년 7월, 나는 자매도시 교류를 목적으로 한 세타가야구 구의회단의 일원으로서 태평양 해안 쪽에 있는 캐나다 밴쿠버 시와 대륙 중앙부에 위치한 위니펙 시를 방문했다. 같은 달 캐나다 연방의회에서는 동성결혼을 가능케 하는 법안이 심의되고 있었고, 마침 우리의 방문시기가 그 법안이 성립한 직후와 겹쳐 있었다.

마침 밴쿠버를 방문했을 때가 성 소수자들의 프라이드 위크 Pride Week* 기간이어서 시 전체적으로 성 소수자 권리에 대한 이해를 넓히려는 캠페인이 한창이었다. 시찰 일정으로 시청을 방문했을 때 보니 시청사의 계단 한 칸 한 칸이 여섯 가지 색으로 칠해져 있었고, 청사 앞의 깃대에는 여섯 가지 색깔의 스트라이프 문양 깃발이 펄럭이고 있었다. 여섯 가지 색에는 어떤 의미가 담겨 있을까?

무지개는 종종 다양성을 상징한다. 무지개에 포함된 색의

---

* 한국을 포함해서 전 세계적으로 열리는 성 소수자들의 퍼레이드 축제이다. _옮긴이

정의가 문화권에 따라 다르고, 획일적이지 않으며, 무지개 색이 연속체인 데다 무수히 많은 색을 포함하고 있어서 그 경계도 불분명하기 때문이다. 특히 여섯 빛깔 무지개는 성 소수자의 자긍심을 상징한다. 시청사의 계단을 물들인 무지개 색도, 시청사에 매단 깃발의 무지개 색도 프라이드 위크에 대한 시의 찬성 의사를 나타내는 것이다.

이전까지만 해도 밴쿠버 시는 크리스마스 장식을 할 때만 시청사 앞의 큰 나무를 활용했다고 한다. 그러나 현재 시는 이 정책을 바꾸어 다양한 문화, 민족, 종교 단체가 이 나무를 활용할 수 있도록 개방하고 있다. 멀티 컬처리즘multi-culturism 즉, 문화다원주의를 '풍부한 것'으로 생각하는 이러한 가치관은 밴쿠버 시와 캐나다 연방정부에서 공통적으로 나타난다. 이 지역을 마음껏 바라보는 내 마음에도 그러한 가치를 높이 내세우는 시민의 따뜻한 마음이 스며드는 것 같았다.

계속해서 방문한 자매도시 위니펙 시는 매니토바 주의 주도인 동시에, 캐나다에서는 동성애자임을 공표한 시장이 캐나다 최초로 선거에서 당선된 지역으로도 알려져 있다. 그곳에서 만난 한 여자 통역사와 나눈 대화를 아직도 잊을 수 없다.

"왜 의원이 되려고 하셨나요?"라는 그녀의 스스럼없는 자연스러운 질문에, 나는 편한 마음으로 출마 동기를 말할 수 있었다. 그녀는 처음에는 놀란 표정을 지어 보였지만 지금까지의 경위를 자세히 설명하자 크게 마음이 움직인 모양이었다. 그녀는 "동성애자 간의 결혼이 가능하게 된 캐나다에서도 편견이 전혀 없는 것은 아니에요. '그런 놈들에게 인권 같은 게 있느냐'라고 말하는 사람들도 여전히 있지요. 그래도 제 친구 중하나는 내년에 동성과 결혼한답니다"라고 밝은 표정으로 말했다. 그리고 "남편의 사촌도 작년에 동성애자라는 사실을 밝혔어요. 제 옆집 주인은 트랜스젠더랍니다"라고 덧붙였다.

이 지역에서는 동성애자도 트랜스젠더도 결코 먼 존재가 아니었다. 그들이 가족과 친구, 동료들 사이에서 매우 자연스럽게 존재하고 있다는 사실이 매우 생생하게 전해졌다. 자기 자신을 속이고 숨기는 것이 아니라 각자가 진정한 '나'를 이야기하고 사회도 그것을 있는 그대로 받아들이는 것이다. 이단이라고 배척하지 않고 있는 그대로를 인정하는 것, 이것이야말로 진정한 '평범화'라고 생각했다.

성을 '남'에서 '여'로 바꾼 나의 삶의 방식이 확실히 '전형적'인 것이라고는 할 수 없다. 그러나 '특수'한 것도 '이상'한 것도 아니라고 생각한다. 자기 자신의 근간을 참을 수 없을 정도로 침해받는다면 그 누구든 필사적이 될 수밖에 없다고 생각한다.

'평범하다'는 건 도대체 무엇일까? 또 무엇이 '당연한 것'일까? '평범'이라는 개념은 시대와 지역에 따라 크게 다르다. 부디 자신이 받아들인 사회의 분위기에 휩쓸려 그저 안이하게 다수자를 '평범한 존재'로 인식하거나 소수자를 '이상한 존재'로 정해버리는 행동이 어떠한 폭력성을 갖는지 깨닫기 바란다.

성 소수자뿐만 아니라 여러 가지 문제를 안고 있는 '당사자'들이 바라는 것은 그렇게 특별한 것이 아니다. 나 스스로 '당사자'이기도 했고, 또 내 안에서 스스로를 발견하고 확인하며 한 걸음 한 걸음 앞으로 나아가면서, 당사자의 시점과 다른 사람들의 시점이 완전히 다른 것을 느낄 수 있었다. 내 삶의 방식이 사회 속에서 굉장히 유별난 것으로 여겨진다 하더라도, 나는 내 마음과 신체를 조화시키고 싶다는 생각뿐이었다. 내가 요구한 것은 단지 대다수가 처음부터 가지고 있는 상태에 지나지 않는다.

'사랑하는 사람과 함께 살고 싶다. 결혼도 생각해보고 싶다. 나 자신의 능력과 의욕을 살려가며 일하고 싶다. 나 자신의 건강을 지키고 싶고 권리를 행사해 선거에도, 사회에도 참여하고 싶다.' 이러한 바람 중 어느 것 하나 특별한 것은 없다고 생각한다. 사물을 바라보는 방식은 결코 한 가지만 있는 것이 아니다. 단지 스포트라이트를 어디에 두느냐에 따라 보이는 모습과 그림자가 달라지는 것이다.

세계적인 성 과학자 중 한 명인 하와이 대학 의학부의 밀턴 다이아몬드Milton Diamond 박사는 이렇게 말한다. "자연은 다양성을 사랑한다Nature Loves Diversity."

잠깐만 조용히 멈추어 서서 심호흡하며 기억을 떠올려 보기 바란다. 사람은 장대한 자연의 과정 속에서 존재하는 다양한 존재 중 하나라는 사실을……. 그런데 어째서 사람은 이렇게도 사람을 나누고, 색을 나누고, 선악과 우열을 구분 짓고 싶어 하는 것일까? 자연이 다양한 생명을 양육하듯이, 우리가 만드는 사회도 다양성을 사랑하게 되기를 희망한다. 나는 그것이 당연한 삶의 모습이라고 생각한다. 서로를 있는 그대로 받아들이는 감성이 널리 퍼져나갈 때, 비로소 누구에게나 살기 좋은 사회가 될 것이다. 누구나 편하게 살 수 있는 '관용적인 사회'를 향해 자그마한 목소리를 사회에 전하자!

글을 마치며

2005년 2월 16일, 나는 '성 동일성 장애인의 성별 취급 특례에 관한 법률'의 시행령에 따라 필요한 서류들을 준비해 도쿄 가정법원에 성별 변경을 신청했다. 가정법원에서는 단 한 번의 호출만 있었다. 3월 9일, 가정법원의 판사와 만났을 때 받은 질문은 딱 두 가지였다.

"제출하신 서류에 오류는 없습니까?"

"없습니다."

"일단 성별을 바꾸면 되돌리는 것은 어려울지도 모릅니다. 괜찮으십니까?"

"그게 제가 바라는 일이기 때문에 괜찮습니다."

"이 이상 질문은 없습니다. 돌아가셔도 됩니다."

겨우 몇 분 만에 문답이 끝났다. 너무나 간단한 수속으로 모든 것이 완료되었다. 뭔가 허탈한 기분이 드는 것과 동시에 예전의 고생한 것들이 생각나 분노와 비슷한 감정이 올라왔던 것이 아직도 기억난다. 그리고 2005년 4월 20일, 도쿄 가정법원은 나의 성별 변경 신청을 승인했다.

"정식으로 딸이 되는 거예요"라고 부모님께 말씀드리니 아버지께서는 이럴 땐 "'축하한다'고 해야 되는 거겠지" 하시며 감개무량해하셨다. 어머니께서는 "너무 잘됐다!"라고 하시며 수화기 너머로 웃으셨다. 호르몬요법을 시작하고 '여성'으로서 새로운 생활을 시작하고, 마지막으로 성별적합수술을 받아 호적이 '여성'으로 바뀔 때까지, 10년이라는 긴 시간 동안 나의 성별 변경 역사에 한 구획이 그어진 것이다.

요 근래 10년 동안, 우리처럼 성의 경계를 뛰어넘은 사람들을 둘러싼 환경은 크게 변해왔다. 예전에 '오카마, 뉴하프*, 미스터 레이디, 오나베, 미스 댄디' 등으로 불려온 우리에게 '성동일성 장애인'이라는 의료상의 개념이 추가된 것도 그중 하나이다.

예전에는 음지에서 행해져서 위법성이 제기되기도 했던 '성전환 수술'이, 이제는 '성별적합수술'로 이름이 변경되어 아직 많은 수는 아니지만 대학병원에서 이루어지는 '공식적인 치료' 대상이 되었다. 게다가 지금까지는 불가능에 가까웠던 호적의 성별 변경도 특례법의 성립에 의해 그 길이 열렸다.

또한 이 책의 첫 부분에서 다루었던 기존의 성의 틀 안에 얽매이지 않는 삶의 방식을 취하는 사람들을 총칭하는 '트랜스젠

---

* 뉴하프는 신체적으로 남성으로 태어났다는 것을 밝히고 접객업, 예능산업에 종사하는 사람을 지칭한다. 오카마, 오나베, 뉴하프 모두 속어이다. _옮긴이

더'라는 용어도 최근에 점차 일반화되는 것으로 보인다.

더욱이 특례법 성립 후, 인권 행정의 가장 상층부인 법무성 인권옹호국은 '성 동일성 장애'를 인권에 관한 강조 사항의 하나로서 명확히 거론했다. 또한 국가, 지방에 관계없이 공무원과 인권 계발 담당자를 대상으로 하는 연수회에서도 성 동일성 장애에 관한 교육이 중요한 연수 내용의 하나로서 인정받게 되었다. 그 외에 지방자치단체에서 직원을 대상으로 실시하는 공부회, 시민을 대상으로 한 인권계발을 위한 강연회 등도 예전에 비해 훨씬 늘어났다. 예전의 상황을 알고 있는 나에게는 모든 것이 놀랄 만큼 커다란 변화로 생각된다.

이러한 변화의 원점이 된 것은 무엇보다 용기를 갖고 끊임없이 호소해온 당사자들의 존재일 것이다. 의료 기관, 행정기관, 사법기관, 국회, 사회를 상대로 포기하지 않고 계속해서 일을 추진해온 당사자들의 노력이 있었기에 상황이 조금씩 변할수 있었다고 생각한다. 본문에 등장한 분들을 포함해 사회의 편견에도 불구하고 끈질기게 지원해준 많은 분들의 뜨거운 마음이 결국 변화를 이끌어낸 것이리라.

사회를 바꾸어나갈 때의 이러한 과정은 비단 성 소수자의 문제에만 국한된 것이 아니다. 이 책에서 반복해 이야기한 것처럼, 이 사회에서는 침묵한 채로 있으면 존재하지 않는 것이 되어버리고 만다. 그러나 소수자가 목소리를 내서 생긴 변화는 서로 다양한 삶의 방식을 존중하는 사회를 만들어가는 기회로 이어진다. 나는 모든 한 사람 한 사람의 '바꾸어나가는 용기'가 당신 자신과 동료들의 희망의 빛이 되어 사회를 움직인다고 믿는다.

마지막으로 지금까지 신세 진 많은 분들에게 감사의 말씀을 올리며 이 책을 마치고 싶다. 특례법을 제정하는 과정에서 '성동일성 장애'에 대한 이해를 구하기 위해 정신과 의사의 입장에서 입법부에 계속해서 호소해주신 정신과 의사 하리마 가쓰키 씨는 이번에 이 책을 의학적인 입장에서 감수해주셨다.

또한 집필하는 데 많은 조언을 해주신 기하라 히로미木原洋美 씨, 마쓰바라 케이まつばら けい 씨, 기타코지 야스미北小路康美 씨에게는 마음속에서 우러나는 감사의 말씀을 드린다. 그리고 집필 작업이 처음인 나를 이번에 기획 단계부터 쭉 서포트해주신 이와나미신서 편집부의 오타 준코太田順子 씨에게도 깊은 감사 인사를 드리고 싶다. 그리고 항상 옆에서 나를 지지해주는 파트너 야마지 아키히토에게 이 자리를 빌려 마음으로부터 감사를 전하고 싶다. 항상 진심으로 고마워요.

더욱 자세히 알고 싶은 사람을 위하여

하리마 가쓰키

성 동일성 장애

'성 동일성 장애'란 의학적인 질환명이다. 영어로는 gender identity disorder라고 하며 성 동일성 장애는 그 역어에 해당한다. 성 동일성 장애를 가리키는 말로 예전에는 '성전환증 transsexualism'이라는 용어가 쓰였으나 1980년부터 '성 동일성 장애'라는 말이 쓰이게 되었다. 이 성 동일성 장애라는 질환을 진단하기 위한 국제적인 기준으로는, WHO가 정한 ICD-10과 미국정신의학회가 정한 DSM-IV-TR이 있다. 또한 성 동일성 장애에는 '소아의 성 동일성 장애'와 '청년이나 성인의 성 동일성 장애'가 있으나, 여기에서는 '청년이나 성인의 성 동일성 장애'에 대해 설명한다.

먼저 진단기준 A로는 '반대되는 성에 대해 갖는 강하고 지속적인 동일감'이 있다. 구체적으로는 반대되는 성과 같은 사고

방식, 같은 느낌, 같은 행동 패턴을 가지거나 수술 및 호르몬요법으로 반대되는 성별의 몸을 갖고 싶다거나, 반대되는 성으로 사회적 삶을 살고 싶다는 등 강한 생각을 가진 것을 의미한다.

그다음은 진단기준 B로서, '자신의 성에 대한 지속적인 불쾌감 또는 그 성의 역할에 대한 부적절한 감정'이 있다. 구체적으로 MTF Male to Female(남자에서 여자로)의 경우, 페니스와 고환에 거부감이 든다, 목소리가 낮은 것에 거부감이 든다, 수염이 나는 것에 거부감이 든다, 건장한 몸에 거부감이 든다, 양복 및 넥타이에 거부감이 든다 등의 예가 있고, FTM Female to Male(여자에서 남자로)의 경우, 유방이 부풀어 오르는 것에 거부감이 든다, 엉덩이가 큰 것에 거부감이 든다, 월경에 거부감이 든다, 치마에 거부감이 든다 등의 예가 있다.

거기에 더해 진단기준 C는 '신체적으로 반음양半陰陽, intersexual을 동반하고 있지 않다'가 있다. 반음양이란 성염색체(XX, XY 등), 성선(정소, 난소), 내성기, 외성기 등의 신체적 성별이 비전형적인 상태, 즉 남자와 여자의 생식기를 둘 다 가진 상태를 가리키는 말이다. 즉, 성 동일성 장애는 신체의 성과 마음의 성이 불일치해 고통받는 상태이므로 신체적으로는 명백한 비전형성이 없다는 것이다.

마지막으로 진단기준 D는, '임상적으로 현저한 고통을 받거나 사회적 · 직업적, 또는 그 밖의 중요한 영역에서 기능 장애를 일으키고 있다'가 있다. 이 진단기준은 DSM-IV-TR에서 다른 정신 질환에도 많이 보이는 것으로, 질환으로 봐야 하는지에 관한 논의가 갈리는 개념에 대해 이 기준을 포함시켜서 질환으로서의 역치를 제시한다는 생각을 반영한 것이다. 이상 네 가지의 진단 기준을 만족할 경우 성 동일성 장애 진단을 받게 된다.

또한 '성 동일성 장애인 특례법'에서는 "성 동일성 장애인이란, 생물학적으로는 성별이 분명함에도 불구하고 심리적으로는 그것과 다른 성별(이하 '다른 성별'이라고 한다)이라는 것에 대한 지속적인 확신을 가지고 있으며, 자신을 신체적 · 사회적으로도 다른 성별에 적합하게끔 하고자 하는 의사를 보유한 자로서, 그것에 대해 진단을 정확히 행하기 위해 필요한 지식 및 경험을 보유한 두 명 이상의 의사에게서 일반적으로 인정되는 의학적 지식과 견해에 근거해 행해진 진단이 일치하는 자를 말한다"라고 정의되어 있으나, 이는 어디까지나 성 동일성 장애인 특례법에 한한 법률상의 문언 정의이다. 즉, 이 법률상의 개념인 '성 동일성 장애인'과 의학적 개념인 '성 동일성 장애'가 완벽하게 일치하는 것은 아니다.

일본에서 치료가 본격적으로 착수되기 시작한 1990년대 후

반부터 2006년까지, 국내의 주요 의료 기관에서 성 동일성 장애로 진단받은 사람은 약 5000명이며, 남녀 비율은 거의 반반이다. 성 동일성 장애의 가능성이 있어도 직접 의료 기관을 찾아 진료를 받지는 않아도 진단되지 않은 사람, 또는 의료 기관을 거치지 않고 개인 수입 등을 통해 호르몬 치료 등을 받는 사람도 상당수 존재할 것으로 생각되나, 정확한 실제 수치를 파악하기는 어려운 것이 현실이다.

젠더 아이덴티티

'젠더 아이덴티티'란 gender identity의 외래어 표기이다. 이에 대한 번역어로서 종래에는 '성 동일성'이 사용되었으나 외래어인 '젠더 아이덴티티'가 더 이해하기 쉽다는 이유로 최근에는 그대로 외래어를 사용하는 경우가 많다.* 그 외의 표현으로는 거의 같은 의미로 '성 자인', '성의 자기인식', '자기 성의식', '성의 자기인지' 등이 있고 더욱 간단하게는 '마음의 성'이라고 일컫는 경우도 있다. '젠더 아이덴티티'라는 말이 처음으로 생겨난 미국에서는 성과학자 존 머니John Money가 다음과

* 한국에서는 '성별 정체성'이라는 표현이 쓰인다. _옮긴이

같이 정의했다. "젠더 아이덴티티란 한 사람의 인간이 남성, 여성, 또는 양성으로서 가지고 있는 개성의 통일성과 일관성, 지속성을 말한다."

전형적인 남성과 여성의 젠더 아이덴티티는 신체적인 성별과 일치한다. 즉, 몸이 남성인 경우 마음도 남성이며 스스로를 남성으로 인식한다. 그러나 성 동일성 장애와 트랜스젠더들의 젠더 아이덴티티는 신체적 성별과 일치하지 않는다. 예를 들어서 몸은 남성이더라도 마음의 성은 여성으로서의 아이덴티티를 가지는 것이다. 이 젠더 아이덴티티는 생물학적 요인에 더하여 양육환경과 생활환경 등이 복합적으로 조합되어 형성된다고 추측하고 있다.

한편 gender identity의 종래의 번역어인 '성 동일성'에 대해 "'생물학적 성'과 '심리적·사회적 성'이 일치하는 상태를 '성 동일성gender identity이 있다'라고 한다"라는 식으로 잘못 기술하는 경우도 있다. 이는 추측하건대 성 동일성의 '동일'을 '생물학적 성과 심리적·사회적 성의 일치'라는 의미로 오해해서 생긴 것으로 생각된다. 그러나 identity의 동일성이란, 이러한 의미가 아니라 자기의 단일성, 불변성, 연속성이라는 의미로서의 동일성이므로 이러한 기술은 잘못된 것이다.

트랜스젠더

'트랜스젠더'란, transgender의 외래어 표기이다. 이는 출생 시 구분되는 성별(즉, 신체적 성별)에 의해 규정되는 전통적인 남성 역할과 여성 역할, 또는 젠더 아이덴티티의 틀에서 벗어난 사람들을 포괄해 이르는 용어이다. 구체적으로는 '이성복장 도착증'이나 '성 동일성 장애' 등을 가진 사람을 포함한다. 그 젠더 아이덴티티의 존재 방식은 성 동일성 장애와 같이 신체적 성별과 반대의 성별에 있는 경우도 있고, '때로는 남성, 때로는 여성', '남성도 여성도 아닌 존재', '남성과 여성의 중간' 등 여러 가지가 있다.

이 말은 원래 1970년대부터 미국의 복장도착증 커뮤니티의 지도자였던 버지니아 프린스Virginia Prince에 의해, '신체적 성별과 일치하지 않는 젠더 아이덴티티를 가지고 있지만 성별적합수술까지는 희망하지 않는 사람'이라는 의미로 사용되기 시작했으나, 그 후에는 더욱 포괄적이고 광범위한 의미로 사용되게 되었다.

또한 이 말은 '성 동일성 장애', '성전환증' 등 의학자에 의해 명명된 의학 용어와 달리, 의학 질환적인 의미를 가지고 있지 않다. 그 때문에 '우리들은 정신 질환을 가지고 있는 것이 아니다', '우리들은 장애인이 아니다'라고 생각하는 당사자들도 받아들이기 쉬운 말이며, 이미 유럽과 미국에서는 널리 사용되고 있다. 이는 '동성애 homosexual'라는 의학 용어에서 '게이, 레즈비언'이라는 비의학 용어가 더욱 즐겨 사용되게 된 것과 같은 맥락이다.

그러나 일본에서는 의학용어인 '성 동일성 장애'라는 말이 인권옹호에 대한 호소와 의학적 치료의 정당화에 적합하다고 보는 시각이 우세한 정황도 있으므로, 비의학용어인 '트랜스젠더'는 당사자들이 많이 쓰는 말이라고는 할 수 없는 상황이다.

성 소수자가 온전히 이해받는 사회를 위하여

이승현[*]

이 책은 2007년, 지금으로부터 10여 년 전에 일본에서 발간된 것이다. 그동안 트랜스젠더의 사회적 상황과 그에 대응하는 움직임들은 많은 변화를 거쳤다. 이러한 변화를 살펴보면서 트랜스젠더에 대한 일본 사회의 수용 배경을 살피는 것이 이 책을 정확하게 이해하는 데 도움이 될 것이다.

일본의 서점에 가면 주제별로 '성 동일성 장애'(한국에서는 '성 주체성 장애'로 번역하고 있다)가 따로 분류되어 있으며, 관련 법과 정책에서도 공식적인 용어로 사용되고 있고, 많은 일본인들이 이 단어를 알고 있다. 다른 나라와 달리 일본에서 '성 동일성 장애인'이 일반 용어로 자리 잡은 계기 중 하나는 이들의

---

[*] 비온뒤무지개재단 이사이자 법학 박사이다. 2006년부터 트랜스젠더 인권활동과 성적 지향·성별 정체성에 대한 법적 연구를 이어오고 있으며, 2016년 연세대학교에서 '혐오표현(Hate Speech)에 대한 헌법적 고찰'로 박사 학위를 받았다.

존재를 의료계에서 공론화하기 시작했기 때문이다. 블루보이 사건으로 오랫동안 일본 의료계에서는 성별적합수술이 금기시 되었다. 그러다 1998년 사이타마 의과대학을 시작으로 '성 동일성 장애인'의 치료로서 성별적합수술이 공식적으로 행해지게 되었다. 일반 사회에서는 2001년 국민 드라마 시리즈 〈3학년 B반 긴파치 선생님〉, 2002년 경정선수 '안도 히로마사'의 커밍아웃을 통해서 '성 동일성 장애'가 사회적으로 인식되었다. 한편으로 '오카마', '오나베'와는 구분지어서 자신을 표현하고 싶어 하는 당사자들에게는 의료의 권위에 힘입어 주변을 설득시키기에 유용한 단어이기도 했다.

그러나 이들의 '증상'을 정신장애로 보는 의료적 접근방법이 과연 적절한 것인가? 일찍이 서구 의료계에서는 '몸과 마음의 불일치'로 인해 신체적으로나 사회적으로나 성별을 전환하고자 하는 증상을 '성전환증'이라는 정신장애로 이해하고, 이를 비윤리적 형태나 정신치료가 필요한 질환이 아니라는 결론에 도달했다. 그리고 이들의 성별 위화감gender dysphoria을 해소하기 위한 치료 방법의 하나로 성별적합수술이 필요하다는 판단을 내렸다. 성전환증은 1980년 미국정신의학회의 '정신장애 진단 및 통계 편람' 제3판(DSM-III)에, 1975년 세계보건기구의 '국제질병표준분류기준' 제8판(ICD-8)에 명시되었다. 또한 1979년에는 '해리 벤자민 국제성별위화감협회'의 '성별위화감을 가진 사람의 호르몬과 수술에 의한 성전환에 대한 건강관리실무표준'이 발표되었다. 이와 같은 의료적 진단에 편입됨으로써 호르몬과 수술을 필요로 하는 당사자들은 의료적 조치를 받을 수 있게 되었다. 그러나 이를 통해 한편으로는 성별이분법적 규범에서 자유롭기 힘든 정신과 의사가, 얼마나 '남성적·여성적'인가를 판단하는 문지기 역할을 하게 되었다. 결국 의료적 조치를 필요로 하는 사람들에게 정신과 의사는 이를 가능하게 해주는 사람이었으나, 동시에 심판자가 되었다. 정신과 의사에게 자신이 '남성 또는 여성'임을 입증해야 하는 상황에 처하기 때문이다. 나아가 근본적인 지점에서 이러한 접근방식이 인간의 정체성 자체를 병리화하고 낙인찍는다는 비판도 제기되었다.

따라서 의료적 입장에서 판단하고 부여한 단어가 아니라, 스스로의 정체성을 긍정하고 기존 사회의 성별이분법적 규범에 문제제기하면서 등장한 단어가 트랜스젠더이다. 이러한 점에서 문화적으로 그 사회에서 사용되어온 고유한 단어가 있지 않는 이상, 트랜스젠더라는 단어가 더 선호되기 시작했다. 트랜스젠더는 '성 역할, 성별 표현, 성별 정체성 등이 사회가 요구하는 성별 규범에 맞지 않는 모든 사람'을 가리키는 포괄적

용어로 사용되었다. 따라서 '몸짓이며 행동들이 너무나 '여성적·남성적'인데 신체가 '남성·여성'으로 '잘못' 태어나서 고통을 겪으며, 연애에서는 이성으로서 '남성·여성'에게 끌리는 사람'이라는 규격에 맞지 않는 다른 많은 당사자들이 포함되었다. 의료계와의 이와 같은 애증의 긴장관계 속에서 의료계의 성별이분법적 판단 기준들이 수정되는 한편, 트랜스젠더의 정체성에 대한 탈병리화도 제기되었다.

결국 2013년에 미국정신의학회는 DSM-V에서 '성 동일성 장애'를 삭제하고 '성별 위화감'으로 대체했으며, 2018년 확정되는 세계보건기구 ICD-11을 위한 개정안은 성별 불일치gender incongruence로 대체할 것을 예고했다. 또한 양자 모두 정신장애 범주가 아니라 별도 혹은 성 건강 범주에 포함되는 것으로 변경했다. '해리 벤자민 국제성별위화감협회' 역시 '세계 트랜스젠더 보건의료전문가 협회World Professional Association for Transgender Health'로 명칭을 바꾸고, '트랜스섹슈얼·트랜스젠더·성별비순응자를 위한 건강관리실무표준'(제7판, 2011년)을 발표했다.

이러한 흐름 속에서 일본과 한국의 상황은 다소 제자리걸음이다. 일본에서 사용되는 자체 의료가이드라인은 '성 동일성 장애에 관한 진단과 치료 가이드라인'(제4판, 2012년)이며, 올해로 제18회를 맞이한 '성 동일성 장애학회'는 의사들이 중심

이 되어 진행되고 있다. 한국의 경우, 충분한 의료가이드라인
이 없을 뿐만 아니라 의사들의 인식도 자체도 낮은 상황이다.
한국에서도 일본에서도 각각 현 상태에 대한 비판의 목소리가
존재하나, 의료적 현실을 적극적으로 변화시킬 정도의 커다란
움직임은 아직까지 포착되지 않는다는 한계에 직면해 있다.
한국과 일본이 처한 의료적 상황과 그 해법은 다르겠지만, 트
랜스젠더 친화적인 의료 환경을 구축하고, 트랜스젠더 개개인
의 다양성이 재단되지 않으면서 필요한 의료를 안전하게 제공
받을 수 있는 환경을 마련하기 위해서 해야 할 과제들은 산적
해 있다.

법적 성별 변경을 위한 과제들에서도 마찬가지의 문제를 제
기할 수 있다. 법적 성별 변경을 하려면 일본에서는 호적부상
성별을 바꾸어야 하고, 한국에서는 가족관계등록부상 성별을
바꾸어야 한다. 일본은 2003년 제정된 법률(약칭 성 동일성 장
애 특례법)에 의해서, 한국은 법률은 없는 상태이지만 2006년
대법원 결정과 그에 따른 대법원 가족관계등록예규에 의해서
당사자의 신청에 따라 법원이 허가 여부를 결정한다. 현재 요
구되고 있는 기준은 사실상 한국과 일본이 매우 유사하다. 간
단하게 주요 기준들만 나열하자면 '성년자일 것, 정신과 진단
과 생식능력 제거를 포함한 성별적합수술을 완료할 것, 미성년

자 자녀가 없을 것'이라는 요건이다.

먼저 미성년자인 자녀가 없을 것이라는 요건은 다른 해외 입법례에서는 찾아볼 수 없는 요건이다. 일본에서 2003년 법 제정 당시에는 '현재 자녀가 없을 것'이라는 요건이었으나, 이 책이 집필된 이듬해인 2008년에는 '미성년자 자녀'로 개정되었다. 한국의 경우 2009년 대법원 결정과 이를 반영한 가족관계 등록예규를 통해 '미성년자 자녀' 요건이 유지되고 있다. 유례가 없는 이 요건이 한국과 일본에 포함될 때의 명목은 '자녀의 복지를 위한다'는 것이었다. 그러나 이 요건은 트랜스젠더 당사자로 하여금 최대 19여 년간 성별 변경을 하지 못하게 강요하는 것이나 다름없다. 동시에 이미 자신의 성별 정체성에 따라 외모를 바꾸고 생활하는 트랜스젠더인 부·모가 신분증상 성별이 다르다는 이유로 취업의 어려움과 사회적 차별 상황에 놓이게 될 때, 그로 인한 경제적·사회적 어려움의 굴레는 자녀에게까지 미친다. 더욱이 지금처럼 정신과 진단, 생식능력 제거, 외부성기성형 수술을 모두 요구하는 요건에서라면 그 가능성은 훨씬 더 커진다. 이 요건의 철폐는 특히 한일 양국이 모두 고민하고 대응해나가야 할 과제이기도 하다.

법적 성별 변경에 필요한 성별적합수술의 요건도 한국과 일본이 유사한 상태이다. 두 국가 모두 정신과 진단과 생식능력 제거 수술, 외부성기성형 수술을 요구하고 있다. (단, 여성에서 남성이 된 트랜스젠더의 경우에는 수술의 어려움 및 위험성으로 인해 외부성기성형이 반드시 요구되는 것은 아니다.) 다른 해외의 입법례를 보면, 주로 정신과 진단과 생식능력 제거를 요건으로 하고 있었다. 그런데 국제사회와 해외 각국에서는 2000년대 중반부터는 생식능력 제거 요건이 철폐되기 시작했다. 특히 외과적 조치를 필요로 하지 않는 트랜스젠더에게는 자신의 의사에 반하여 국가에 의해 불임을 강요받는다는 점에서, 이 요건이 신체적 온전성을 침해하고 자녀를 가질 기회와 권리를 박탈하는 것이기 때문이다.

2011년 11월 17일 유엔인권최고대표의 보고서는 법적 성별 변경을 위한 요건에 생식능력 제거 수술이 포함되는 것을 문제시했으며, 유엔고문특별보고관은 2013년 2월 1일 보고서에서 트랜스젠더에 대한 강제적 불임 요구가 고문에 해당한다고 판단했다. 2010년 6월 16일 '세계 트랜스젠더 보건의료전문가협회' 역시 의료적 견지에서, 생식능력 제거의 강요와 이를 반영한 성별 변경 요건은 철폐되어야 한다는 성명을 발표했다. 2016년 현재 생식능력 제거 요건을 철폐한 국가는 영국과 독일을 비롯해 유럽을 중심으로 17개국과 미국, 캐나다, 호주 일부 주 등이며, 이러한 움직임은 계속해서 확대되고 있다.

그러나 현행 입장을 고수하고 있는 한국과 일본에서는 외과적 조치를 필요로 하지 않는 사람이나 성별 이행 과정에 있는 많은 사람들의 법적 성별 변경이 불가능하다. 따라서 상당수의 트랜스젠더는 자신의 외모와 신분증상 성별이 일치하지 않아서 취업을 포함해 사회활동과 일상생활 전반에서 신분확인이 어려운 상태에 놓여 있다. 2015년 '유엔자유권위원회'는 트랜스젠더의 법적 성별 변경에 과도한 기준을 적용하는 대한민국 정부에 우려를 표명한 바 있다.

트랜스젠더가 한 명의 사회 구성원으로서 온전히 살아가기 위해서는 사회적 인식과 제도적 변화가 반드시 필요하다. 이를 위해 할 수 있는 것들에 대해 이 책이 제시하는 메시지는 명확하며 우리에게도 유효하다. 비단 트랜스젠더를 포함한 소수자에게만 해당하는 이야기가 아니다. 이 사회의 구성원으로서 우리 주변에 존재하면서도 목소리를 내지 못하는 사람들, 보이지 않는 사람들이 있다. 그리고 그들은 트랜스젠더뿐만 아니라 다른 소수자를 비롯해 때로 우리 모두를 의미하기도 한다. 하지만 그러한 상황에서도 스스로 목소리를 내고, 부당한 현실에 맞서며, 당연한 인간으로서의 권리를 되찾는 용기를 내야 한다. 그러기 위해서는 나 자신이 겪고 있는 어려움과 고통을 외면하거나 피하지 말고, 나의 존재를 긍정하면서 현실에 맞서서 앞으로 나아가야 한다. 그것이 나의 인생을 변화시키는 길이다. 가미카와 아야는 그러한 길을 걸은 한 사람으로서 변화를 위한 방법과 변화로 인한 희망을 전하고 있다.

내가 가미카와 의원을 처음 본 것은 2004년 여름 'FTM 일본' 단체 10주년 기념행사에서다. 붉은색 옷을 입고 서 있던 결연한 표정의 그녀를 10여 년이 지난 '성 동일성 장애학회'에서 다시 마주했다. 그녀는 '성 동일성 장애인'만을 정책 수혜의 대상에 포함시키면서 동성애자나 양성애자는 포함시키기 않으려는 정책 당국의 문제점을 지적했다. 소수자의 길을 걸어온 한 사람으로서 그녀는 소수자로서 소수자를 배제하지 않는 것, 소수자이기 이전에 모든 사람이 마땅히 누려야 할 권리를 되찾기 위해 행동해야 함을 다시금 보여주고 있었다. 그 모습은 10년 후에도 마찬가지일 것이라고 생각한다. 나의 부조리한 상황을 바꾸어나가는 용기는 불평등한 사회를 바꾸어나가는 힘이고, 지속적으로 목소리를 내는 것은 사회의 변화로 이어진다는 것을 보여준 그녀의 메시지는 우리에게도 시사하는 바가 크다.

이 책의 저자 가미카와 아야는 트랜스젠더이지만, 그렇다고 이 책이 결코 성 소수자만을 위한 책으로 오해되어서는 안 된다고 생각합니다. 이 책은 상황과 환경 때문에 부당하게 소외받는 모든 사람들을 위한 것이며, 그들이 지금 이 순간 당면한 부조리와 고통을 어떻게 극복하고 해결해나갈 수 있는지에 관해 매우 보편적이고 귀중한 경험과 지혜를 전합니다.

저는 이 책이 한국의 많은 성 소수자뿐만 아니라 아무리 노력해도 결코 변할 것 같지 않은 부조리하고 냉혹한 현실 때문에 좌절하고 절망한 많은 분들에게 용기와 희망을 줄 것이라고 생각합니다. 이 책은 그런 힘을 가지고 있습니다. 동성애자도, 트랜스젠더도 아닌 제가 이 책을 번역하기로 마음먹은 것은 그러한 확신이 들었기 때문입니다. 제가 이 책에서 발견한 소중한 빛을, 제가 사랑하는 조국의 많은 분들과 나눌 수 있다면 그 이상 바랄 것이 없습니다.

2016년 가을

우윤식

지은이

가미카와 아야 上川あや

일본의 첫 트랜스젠더 정치인이다. 1968년 도쿄에서 출생해 1990년 호세이 대
학교 경영학부를 졸업했다. 1998년 '성 동일성 장애' 진단을 받았으며, 2003년
4월 성 동일성 장애임을 당당히 공표하고 도쿄 세타가야 구의 구의원이 되었
다. 그때부터 지금까지 재선에 연이어 성공해 구의원직을 맡고 있으며, 정치인
이 되기 전인 2000년부터 성 동일성 장애인을 위한 여러 모임을 만들어 그들의
존재와 권리를 세상에 알려왔다. 성 소수자들을 위한 자조, 지원뿐 아니라 장
애인, 한부모 가정, 외국인 등 다양한 사회적 약자의 환경을 개선하는 일에 앞
장서고 있다.

저서: 『다양한 '성'을 알 수 있는 책(多樣な「性」がわかる本)』(공저, 高文研)
저자 홈페이지: http://ah-yeah.com

옮긴이

우윤식

서울 출생. 서울대학교를 졸업하고 현재 해외에서 금융업에 종사하고 있다. 소
외와 차별 문제를 조금이라도 해소하는 데 일조하고자 하는 꿈을 가지고 있다.

바꾸어나가는 용기

관용사회를 향한 트랜스젠더 정치인의 거침없는 여정

지은이 | 가미카와 아야
옮긴이 | 우윤식
펴낸이 | 김종수
펴낸곳 | 한울엠플러스(주)

편집책임 | 최규선
편   집 | 허유진

초판 1쇄 인쇄 | 2016년 10월 15일
초판 1쇄 발행 | 2016년 10월 25일

주소 | 10881 경기도 파주시 광인사길 153 한울시소빌딩 3층
전화 | 031-955-0655
팩스 | 031-955-0656
홈페이지 | www.hanulmplus.kr
등록번호 | 제406-2015-000143호

Printed in Korea.
ISBN 978-89-460-6225-2 03330